RÓMULO E. DURÓN
JOAQUÍN RIVERA: EL PRIMER PRESIDENTE HONDUREÑO QUE NO QUISO LA REELECCIÓN

ERANDIQUE
COLECCIÓN

JOAQUÍN RIVERA: PRIMER PRESIDENTE HONDUREÑO QUE NO QUISO LA REELECCIÓN
RÓMULO E. DURÓN

©Colección Erandique
Supervisión Editorial: Óscar Flores López
Diseño de portada: Andrea Rodríguez—Mariana Turcios
Administración: Tesla Rodas—Jessica Cordero
Director Ejecutivo: José Azcona Bocock
Primera Edición
Tegucigalpa, Honduras—Julio de 2022

Joaquín Rivera (Imagen recreada con Inteligencia Artificial).

DON JOAQUÍN RIVERA Y SU TIEMPO

Para Jorge Fidel Durón, "Don Joaquín Rivera y su tiempo"[1] fue la obra cumbre de Rómulo Ernesto, su padre.

"Los pueblos —señalaba Joaquín Rivera—, al dar sus votos deben mirar que recaigan en sujetos y hombres de bien, dignos del nombre de ciudadanos."

Lástima grande que, como en las palabras bíblicas, casi siempre el pueblo se ha equivocado y ha escogido para mandar no a los mejores, sino a los que han venido a ellos revestidos con la piel de oveja de la demagogia —interviene más adelante Jorge Fidel Durón.

Joaquín Rivera fue, en su momento, una rara excepción de integridad en medio del torbellino caudillista del siglo XIX.

También lo sería en la actualidad…

A criterio de Rómulo E. Durón, Rivera puede ser considerado como el primer presidente hondureño que no buscó quedarse en el poder.

"El primer gobernante de Honduras que da el ejemplo de respetar la alternabilidad en el ejercicio del Poder Ejecutivo —argumenta Durón—, no pretendiendo ser reelegido, es D. Joaquín Rivera. Si con otros méritos no contara éste en su paso por el Gobierno, bastaría ese solo rasgo para acreditarlo como un verdadero demócrata."

Este libro destaca algunos de los momentos clave de su gestión y los desafíos a los que enfrentó, entre ellos, la devastadora epidemia del cólera morbus, las asonadas políticas y los interminables intentos de desestabilización impulsados por sus enemigos.

Rivera, a pesar de todo eso, nunca se doblegó y mostró una sorprendente voluntad de legalidad.

¡Qué gran ejemplo a imitar por los políticos hondureños de la actualidad!

La decisión de decirle ¡NO! a la reelección no debió ser fácil. Pero pudo más su convicción democrática.

---

[1] Ese es el título original del libro. Sin embargo, tomamos la decisión de cambiarlo para esta edición con el objetivo de llamar la atención con un tema que, aunque parezca irónico, sigue vigente y provocando (tristemente), graves problemas a Honduras: la reelección.

A pesar de sus intentos por fortalecer el débil sistema democrático hondureño, Rivera fue perseguido, despojado de sus haciendas mediante maniobras judiciales y víctima de una campaña sistemática para destruir su nombre y su legado.

El capítulo Cuestión judicial relata los pleitos judiciales en los que estuvo involucrado… y en los que perdió algunos de sus bienes.

Durón retrata a Rivera como un político austero, íntegro y profundamente comprometido con el principio de legalidad. Su ejemplo, largamente olvidado, merece ser rescatado y repensado en el presente.

De allí la importancia de una nueva publicación del libro escrito por Rómulo E. Durón (la última vez fue hace 60 años, en 1965, en una edición del Ministerio de Educación Pública).

Joaquín Rivera nació el 26 de julio de 1796 en Tegucigalpa, y murió fusilado el 6 de febrero de 1845 en la Plaza de La Merced en Comayagua.

¿La razón? Su intento de revivir el ideal de la unión centroamericana que impulsó el general Francisco Morazán.

Su lealtad al paladín también queda reflejada en las páginas de Joaquín Rivera: el primer presidente hondureño que no quiso la reelección.

Al punto de arriesgar su vida; al extremo de perderla…

ÓSCAR FLORES LÓPEZ
Editor Colección Erandique

PRÓLOGO

El 30 de noviembre de 1927, Rómulo E. Durón publicó su Bosquejo Histórico de Honduras, cuya segunda edición forma hoy el primer volumen de la Colección Rómulo E. Durón en las publicaciones de la Secretaría de Educación Pública. Han pasado, pues, veintiocho años y sigue aún sin escribirse la Historia de Honduras, no por falta de autorizados historiadores, que los hay y muy competentes, dentro de las filas de la Sociedad de Geografía e Historia de Honduras.

Para llenar algunos de estos vacíos es que el Ministerio de Educación Pública ha decidido que se forme esta Colección, dentro de la cual encontrarán cabida y se le dará publicidad a meritorias obras históricas y biográficas y se reproducirán otras que se han agotado y cuya reimpresión es indispensable.

Muchos han sido los cultivadores y los amadores del apasionante tema histórico en Honduras. Podríamos citar varios nombres valiosos y si no lo intentamos, ello se debe a que podríamos pecar e injustamente omitir a tantos valores que se han dedicado a esta disciplina. No obstante, el hecho de que la Secretaría haya resuelto designar esta colección con su nombre y el hecho de que se haya escogido su Bosquejo para iniciar la Colección nos está indicando que, poco a poco, se va haciendo justicia y se reconoce que el nombre de Rómulo E. Durón figura entre los historiadores más sobresalientes del país.

Sería difícil, en el breve tiempo que se nos ha concedido para hacerlo, examinar detenida y completamente la labor histórica de este ilustre hondureño. Baste, pues, señalar a grandes rasgos el importe de su tarea y decir que, iniciándose primero como poeta con sus Ensayos Poéticos, en 1887, en seguida con sus Crepusculares, en 1895, la trayectoria de historiador del Dr. Durón irrumpe cuando edita al fin su monumental Honduras Literaria, obra en la que, a los trabajos antológicos de las figuras más conspicuas de nuestra literatura, en prosa y verso, él antepuso un breve estudio biográfico de las personalidades que desfilan en el libro.

Publicada en 1896 para los escritores en prosa y en 1899 la de los escritores en verso, este libro señalaba las enormes posibilidades que ofrece el acervo nacional en la rama de las letras. En 1957 y 1958 se ha publicado esta obra: Honduras Literaria, Poesía, formando los tomos III, IV y V de la Colección "Juan Ramón Molina" y Honduras Literaria, Prosa, que son los tomos VI, VII, VIII y IX de la misma Colección Molina.

En seguida el Dr. Durón estuvo publicando en la "Revista de la Universidad", que él fundara y sostuviera cuando fue Rector de la Universidad de Honduras, sus Gobernantes de Honduras (1821 a 1925), que es, quizá, el trabajo más completo en su género que se ha publicado y que, desgraciadamente, no pudo recoger en un libro aunque sus "Rasgos" merecieron el elogio de una versión al inglés.

Después de la Colección de Escritos del Dr. Policarpo Bonilla, expresidente de Honduras, que saliera a luz en 1899, la obra de más aliento del Dr. Durón en aquella época fue su monumental La Provincia de Tegucigalpa bajo el Gobierno de Mallol, trabajo histórico que hasta la fecha no tiene par en los anales publicitarios históricos del país, no sólo por el abundante acopio de datos sino por la maestría de su presentación, que señalaba ya al maduro historiador que se forjaba. La obra (1817 a 1821) fue publicada en 1904 y debería haber sido seguida por la Historia de la Provincia de Tegucigalpa (1578 a 1821), que aún permanece inédita.

Le tocó después al Dr. Durón arreglar e imprimir las Pastorelas del Presbítero Dr. José Trinidad Reyes, aparecida en 1905, libro agotado y quizá el que más renombre le diera en el exterior, mereciendo aplausos de D. Juan Fastenrath, en Alemania, de D. Marcelino Menéndez y Pelayo, en España y de D. Ricardo Palma, en Perú. Le siguieron sus Rectificaciones Históricas (1906), en las que demostró su espíritu acucioso e investigador, y sus Hojas Literarias, del mismo año, que es una colección de ensayos.

Entramos ahora a conocer su obra fundamental: Las Efemérides de Honduras (1821 a 1841) que se publicaron también en su aplaudida Revista de la Universidad desde 1911 a 1914 y que es una colección abigarrada y pletórica de datos valiosos para nuestra historia, que merece volumen aparte, el que no se ha intentado hasta la fecha. Aquí está la historia patria en jugosos fragmentos, cada uno formulado en forma amena, vislumbrándose que era la intención del autor que, de tener más tiempo que dedicarle, sirvieran a él o a alguien más para una obra histórica definitiva.

El Dr. Durón abordó en seguida otra obra colosal: Las Obras de D. José Cecilio del Valle, de las que apenas alcanzó a editar un tomo, los Escritos Políticos, obra importantísima que se editó en 1906 aunque en realidad circulara más tarde. Y después, el Dr. Durón se dedicó a su estudio predilecto, la biografía de los hombres más ilustres de su patria. Y así desfilan el Presbítero Francisco Antonio Márquez (1915), obra laureada, Don Juan Lindo (1930), laureada también y quizá la mejor de sus biografías y en las que ya se ve al filósofo de la historia, con rasgos de Ludwig, de Maurois y de Fay, y finalmente José Justo Milla (1940). Hasta la vez no se ha publicado D. Joaquín Rivera y su tiempo (1795-1845) que el Dr. Durón estimaba como el mejor de sus libros, y nos da satisfacción poder, por fin, dar a luz este interesante momento histórico hondureño, presentando a D. Joaquín Rivera y su tiempo, en dos tomos que son el III y el IV de la Colección "Rómulo E. Durón".

Sus ensayos históricos también forman legión, habiendo visto la luz pública su ejemplar Las Islas del Cisne (1926), que se lee con deleite, y Límites de Honduras con Nicaragua (1937), en que su afán primordial es reivindicar los legítimos derechos territoriales de Honduras con los mejores argumentos: los hechos y los documentos históricos. Dejó sin terminar sus Efemérides de Honduras, continuación de la anterior obra, y su Historia de Honduras, de la que, en esta Colección, se ha publicado un tomo, y la que deseaba confirmar visitando y consultando los archivos históricos de España, con cuya ilusión murió en agosto de 1942.

Sin embargo, vivió y alentó en él siempre un poeta. Y así como sus Ensayos Poéticos y sus Crepusculares de los años mozos, así en sus años adultos editó Floriana (1917), un romance de la época colonial, y sus traducciones en verso de Byron, de Moore y de Poe (1917), labor que no abandonó nunca y que posteriormente ha sido citada en las antologías de tan brillantes poetas, y así incansablemente tradujo también del francés, del italiano y del portugués, poesías que están dispersas en las revistas literarias de la época.

Tal la figura nacional que exalta esta Colección, cuyo es su tributo máximo, el que honra y prestigia al Gobierno de la República de Honduras porque prestigia y honra a una de sus mayores figuras devotas al estudio de la historia patria.

Jorge Fidel Durón

Julio de 1965

LA HISTORIA Y DON JOAQUÍN RIVERA

Evidentemente la historia en general es un estudio fascinante. Y la historia de Honduras no es una excepción. En Don Joaquín Rivera y su tiempo, la obra que el doctor Rómulo E. Durón estimó como su mejor alarde y que nosotros consideramos como su obra cumbre, se enjuician los trascendentales hechos históricos nacionales alrededor de una figura representativa, de primera línea en su época, para demostrar los obstáculos insuperables con que la idea de unidad nacional tropezó en los breves, tensos y azarosos días que duró la República Federal de Centroamérica, confirmando así que no es insólito que esos obstáculos hayan perdurado y perduren hasta hoy.

Lo más interesante que se desprende de tan conmovedora lectura es la clásica enseñanza de que, indudablemente, los hechos se repiten. Lo que ocurre es solamente cuestión de cambios cronológicos, suplantación de cosas y de nombres en las figuras sobresalientes. Por lo demás, el panorama de ayer es igual al de nuestros días, si no más lúgubre. De un lado se contempla la lucha de los que, como D. Joaquín Rivera, a pesar de lo temprano de los días en que apenas si comenzaba a alborear la nacionalidad, tenían una visión cabal y perfecta de los acontecimientos y de sus proyecciones y perspectivas, aplicados a la futura felicidad general; y de los que, por otra parte, pese a su enorme responsabilidad, como la mayoría abyecta, cortos de vista, material y espiritualmente, contemplan sólo su propio beneficio, bienestar y provecho, envileciéndose engañando eternamente a los pueblos.

Y de esa lucha tenaz, corajuda y titánica, en que como es natural, el pueblo impresionable se mueve y sacude a impulsos de la emoción más reciente, resulta un cuadro dramático desolador, anticipación de las miserias y males que hoy nos aquejan.

D. Joaquín Rivera se inicia en la vida pública erigiéndose como voluntario defensor de los intereses del indio desvalido. Esta heroica posición en aquellos días es semejante a la de los que favorecen y animan la integración racial en los Estados Unidos de América y la de los que propugnan la vieja doctrina de autodeterminación en todos los rincones del orbe. Y la tarea no era tan sencilla entonces como las citadas lo son ahora, a pesar de la conciencia cívica libremente expresada y a pesar de los adelantos y progresos que hoy identifican la era nuclear.

Domiciliado en el humilde pueblo de Texíguat, ve con suma pena el menosprecio con que las autoridades tratan a los indios y, valientemente dice:

"Mientras esta clase no defienda sus derechos no ha de haber libertad, porque siempre procurarán tenerlos en la ignorancia y yo, que pertenezco a ellos, he de procurar defenderlos; pero es preciso que todos trabajemos juntos, que seamos unidos, que seamos reservados, que nos defendamos unos a otros y que no perdamos tiempo y que hagamos el ánimo de perecer antes que ser esclavos".

D. Joaquín Rivera era a la sazón Diputado a la Constituyente del Estado, pero no quería separarse de su región, ni deseaba abandonarla, para así estar alerta, listo y presto, a defender los intereses del pueblo con el que convivía. Se verá en seguida cómo decidió al fin ingresar a la vida pública, con sacrificio de sus bienes y hacienda, solamente porque creyó que era el único capaz de contrarrestar la saña, la violencia y la intransigencia ciega del ex sacristán Francisco Ferrera, quien fuera su eterno antagonista y cuya figura con tristeza hemos visto renacer y proliferar en nuestra breve historia, como maldición bíblica.

En esa Constituyente del año de 1832 D. Joaquín Rivera fue diputado por el Departamento de Yoro. Aunque desgraciadamente este documento quedó sin firmar por la Asamblea, la Constitución contiene revolucionarias reformas para la época. Uno de sus capítulos más impresionantes es aquél en que se consigna que ninguno es buen ciudadano si no es buen hijo, buen padre, buen hermano y fiel amigo. Pocas definiciones concretan mejor al ciudadano como hombre de bien, que no lo es si religiosamente no observa las leyes.

"Los pueblos —dice— al dar sus votos deben mirar que recaigan en sujetos y hombres de bien, dignos del nombre de ciudadanos".

Lástima grande que, como en las palabras bíblicas, casi siempre el pueblo se ha equivocado y ha escogido para mandar no a los mejores, sino a los que han venido a ellos revestidos con la piel de oveja de la demagogia.

Su biógrafo citado, el doctor Rómulo E. Durón, detiene su narración para interrogar a veces, cuando en la penuria del Tesoro Fiscal, D. Joaquín Rivera dispone la impresión del Código Penal de Livingston, por el que se pagarán seis pesos dos reales, a fin de sembrar luces y conocimientos políticos, y destruir el crimen y la inmoralidad, a la vez que hacerle algún ingreso al Tesoro Público, manifestando:

"¿No se ve en este solo hecho aparecer en este hombre al civilizador?".

Fervoroso partidario de la paz como fuente incomparable de bienandanza, D. Joaquín Rivera procura mantenerla a toda costa y ello se convierte en su perenne obsesión durante su breve paso en el poder. Celoso mantenedor de la unidad nacional, a base de la Constitución, trata de hacerle recomendaciones juiciosas a las autoridades federales por medio de la Legislatura del Estado y se proclama en favor de medidas dictadas con prudencia, sabiduría y patriotismo, para sostener el Pacto Federal y pasos que tengan por resultado la cesación de los males que se experimentan y la seguridad y el afianzamiento de la paz, de la libertad, de la igualdad y de la propiedad.

Pero ya él y el Pacto Federal estaban sentenciados a muerte. Muere D. Joaquín Rivera en el cadalso, emulando así a su héroe, Morazán, y la unión centroamericana se desintegra y desmorona para que su ideal quede, desde entonces, convertido en modus vivendi de logreros inmorales o reducido a una tenue llama de esperanza que vive y se alimenta en la mente y en el corazón de los ilusos, de la minoría quijote que no puede ni podrá hacer nada nunca.

Jorge Fidel Durón

CAPÍTULO I: ANTES DE LA INDEPENDENCIA

SUMARIO: Apreciación general. —Nacimiento y familia de Rivera. —Cultura de Tegucigalpa a fines del siglo XVIII: carta del Obispo Cadiñanos al Rey; los conventos de San Francisco y la Merced; falta de escuelas públicas; escuelas privadas. —Estudios de Rivera: el Presbítero Márquez. —Agitaciones precursoras de la Independencia. Rivera ante los nuevos horizontes. —Quince de septiembre de mil ochocientos veintiuno. —Lectura del Acta de Independencia en Texiguat. —Retrato de Joaquín Rivera.

PRIMEROS AÑOS
1795 a 1821

Joaquín Rivera es de los hombres de que Honduras se enorgullece. Rigió el país cuando era éste uno de los Estados que formaban la República Federal de Centroamérica. Inspiró su moral política en el pensamiento de Platón, de que las naciones y los hombres no se verán libres de sus males hasta que, por un favor del Cielo, reunidos el soberano poder y la filosofía en un mismo hombre, logren que la virtud triunfe del vicio. Por eso deseaba que los más capaces y los más honrados ejercieran la suprema autoridad, y cuando se le ofreció por la primera vez, la rehusó con empeño hasta obtener que se le atendiera, habiéndola rehusado en la segunda también pero esta vez sin éxito.

En el poder se consideró un simple mandatario del pueblo, y actuó en este concepto, en acatamiento a la relación de deberes y derechos que dan vida a la república democrática. Dejó el poder al vencimiento del plazo señalado a su mandato, y luego fue perseguido: su amor a la libertad y su actitud contra los enemigos de la Federación habían de serle funestos. No importaba: por sus convicciones, hallábase dispuesto a sacrificar su vida, y, desgraciado en sus intentos de derrocar el régimen separatista inaugurado por Francisco Ferrera, cayó prisionero, y su sangre fue derramada en el cadalso, quedando su nombre circundado por el doble resplandor del martirio y de la gloria. Esta es, en síntesis, la vida de Joaquín Rivera, que trataré de dar a conocer con los datos incompletos que me he procurado, en la esperanza de que habrá quien la exhiba en todo su esplendor con futuras investigaciones.

Joaquín Rivera descendía de distinguidas familias españolas. Nació en Tegucigalpa el 26 de julio de 1795, siendo sus padres D. Martín Rivera y Da. Dolores Bragas. D. Martín era hijo del Sargento Mayor D. Luis Manuel de Rivera, Alcalde Ordinario del primer Ayuntamiento que se creó en virtud del auto de 18 de junio de 1762, al erigirse el Real de Minas de Tegucigalpa en Real Villa de San Miguel de Tegucigalpa y Heredia. Padre de D. Luis era el Capitán D. Antonio de Rivera, quien gozaba del privilegio de descubridor por sus ascendientes y de poblador de la ciudad de Nueva Segovia. Doña Dolores Bragas, nacida en Tegucigalpa el 30 de septiembre de 1762, pertenecía a la familia de D. Antonio Bragas Betancourt, Síndico del Ayuntamiento de que se ha hablado, nativo de las Islas de Canaria, de quien se escribió que era "utilísimo en la república y especialmente en los templos, dedicado tanto al culto divino que daba a entender venir de claro nacimiento y de muy buena gente, por lo que ejemplarizaba a todo el vecindario".

El señor Bragas, en su carácter de Síndico, instó en julio de 1763 al Alcalde Mayor Dr. D. Francisco Nicolás del Busto y Bustamante para la construcción de la iglesia parroquial de la Villa, y pronto estuvieron en curso los trabajos, los que se concluyeron en 1782.

Las prendas morales de los ascendientes de Rivera se fundieron en él para formar un alto espíritu y un noble carácter. De los primeros heredó el ánimo esforzado y valeroso, y de los segundos la bondad y la dulzura.

El estado de la Real Villa de Tegucigalpa era entonces poco propicio para la cultura intelectual.

El Obispo Fray Fernando de Cadiñanos, quien vino a Honduras a fines de 1788 y practicó la visita general del Obispado en el año siguiente, escribió al Rey, en 20 de octubre de 1791, que el curato de Tegucigalpa "aunque tan vasto en su extensión, estaba medianamente proveído de pasto espiritual porque, aunque la renta del Beneficio no permitía ponerle más de un coadjutor, se hallaban en la cabecera dos conventos cuyos individuos alimentaban algún tanto con el pasto espiritual a las almas de él". Y hablando en general del Obispado decía: "La crasa ignorancia que padecen en los principios de la religión católica y obligaciones de su estado es bien notoria. La ninguna utilidad que de estos vasallos resulta al Rey ni a la república, se deja conocer".

Los conventos a que alude Cadiñanos eran el de San Francisco[2] y el del Real y Militar Orden de Nuestra Señora de Mercedes. En 1795 era Guardián del primero Fray Andrés López, y no había en él entonces más religioso conventual que Fray Pedro Rodríguez. Comendador del segundo era Fray José Laureano Zorto, quien había ingresado en 1780.

Aunque estaba mandado que se pusiera en cada pueblo escuela pública, debiendo concurrir simultáneamente los jueces Reales y los curas, no había escuela en Tegucigalpa a fines de 1799. Así consta de un informe que el 12 de septiembre del mismo año dio D. José Antonio Vargas Arrué, Administrador de la Real Renta de Alcabalas, respecto a la necesidad de que la Provincia de Tegucigalpa, que en 1788 había sido anexada a la Intendencia de Comayagua, se segregara de ésta. Decía Vargas Arrué: "Súplica el Administrador a la Superioridad y Alteza el que se atienda a la pretensión que se solicita del desagrego de esta Provincia de la de Comayagua, y de que el Alcalde Mayor, luego de su ingreso, entre otras cosas, se esfuerce a que se ponga una escuela pública de primeras letras para la civilización de tantos niños blancos y morenos, pues da lástima ver tantas manzanas y semillas perdidas, y si no se cuida de las pocas, será una gran pérdida".

Al cumplir, pues, cuatro años Joaquín Rivera, no había en su villa nativa un establecimiento público en donde pudiera aprender las primeras letras, y no se contaba más que con la enseñanza que quisieran dispensar los religiosos de los conventos de San Francisco y la Merced y con la que se podía obtener en escuelas privadas, y así se continuó por largos años.

Rivera adquirió de una y otra fuente la mayor suma posible de conocimientos, los que fue extendiendo con la lectura de los libros europeos que no faltaba quien hiciera venir de Belice por la vía de Trujillo y que empezaron a difundir nuevas ideas en estas regiones. La fortuna vino también en su auxilio, deparándole un excelente maestro. El Presbítero D. Francisco Antonio Márquez, regresó en 1809, de la ciudad de Guatemala, en donde había hecho sus estudios

---

[2] Este convento se fundó con el nombre de San Diego; pero en el curso del tiempo se le llamó de San Francisco por pertenecer sus religiosos a la orden de este Santo.

hasta graduarse de Bachiller en Derecho Canónico y Derecho Civil, o sea, in utroque jure, como se decía entonces. Con él aprendió Rivera, intermitentemente por los viajes y otras atenciones del padre: latín, filosofía, derecho y otras materias. Puede decirse que Márquez le enseñó todo lo que sabía, pues llegó a cobrarle profundo afecto, comenzando desde entonces entre ellos las relaciones de amistad que nunca habían de dejar de ligarlos y que antes bien fueron estrechándose más, encontrándose en perfecto acuerdo en ideas políticas y, al formar Rivera, años después, su hogar, contrayendo matrimonio con la señorita Teresa Márquez, sobrina del padre.

Rivera también, por su parte, interrumpió sus estudios, pues siendo escasos los bienes de fortuna de su familia, tenía que dedicarse a diferentes trabajos en busca de recursos para la vida. Así emprendió viajes a Cedros, Cantarranas, Yuscarán, Texíguat y otras poblaciones, en pequeños negocios de comercio en relación con la minería y la agricultura.

Entretanto recibía las impresiones del medio en que se desarrollaba. Empezó a vivir en un ambiente agitado por causas poderosas que habían de convertir al colono español en ciudadano americano.

Las colonias de Nueva Inglaterra habían proclamado su independencia en 1776, y habían constituido la República de los Estados Unidos de América. En 1789 estalló la Revolución Francesa, proclamando los Derechos del Hombre, y su resplandor de formidable incendio iluminó a todos los pueblos del mundo. El Rey de España, por Cédula de 8 de noviembre de 1793, recibida en Tegucigalpa en 1794, participaba las medidas que había adoptado para contrarrestar los males que de semejante Revolución pudieran resultar a la Monarquía, una de las cuales era la alianza ofensiva y defensiva con la Gran Bretaña. Por una Real Orden de 20 de julio de 1793, recibida en Tegucigalpa en junio del siguiente, se comunicaba que el Rey había tenido noticia de que en Guayaquil se había introducido y cogido un reloj con una inscripción y pintura alusivas a la depravada libertad de la Francia, y se mandaba que las autoridades de las colonias celaran la introducción de toda alhaja, ropa o estampas que tuvieran semejantes pinturas e inscripciones.

Más tarde, por Cédula dirigida de San Lorenzo el 7 de octubre de 1796, recibida en Tegucigalpa en enero de 1797, se comunicaba que se había celebrado la paz con la República Francesa, que había tomado una forma regularizada y sólida, y que se había declarado la guerra a la Gran Bretaña, potencia que sólo aspiraba al engrandecimiento de su comercio por medio de un despotismo universal en la mar, que en el tratado que celebró con los Estados Unidos en 1794 no guardó respeto ni consideración alguna a los derechos de España que le eran bien conocidos y que había patentizado sus miras contra los dominios de ésta, en las grandes expediciones y armamentos enviados a las Antillas para impedir la entrega de ellas a Francia; y se concluía ordenando la defensa y el corso y prohibiendo todo trato y comunicación con los ingleses. En virtud de esta Cédula, el Gobernador-Intendente de Honduras dictó disposiciones para poner la provincia en estado de defensa, envió armas a Tegucigalpa, Olancho, Danlí y Yoro, y pasó a Trujillo para dirigir las operaciones en caso de invasión por aquella costa.

Después, por Real Orden fechada en Madrid a 10 de abril de 1808, recibida en Comayagua el 8 de octubre, se comunicaba que por Decreto del 19 de marzo el Rey D. Carlos IV había abdicado la corona en el Príncipe de Asturias D. Fernando, quien por Decreto del día siguiente aceptó el Trono. Una de las causas que habían influido en la abdicación era la ocupación de parte de España por los franceses. Napoleón atrajo a los Reyes a Bayona, declaró que la casa de Borbón había dejado de reinar en España y colocó en el trono de esta nación a José Bonaparte. La autoridad de éste no fue reconocida en Guatemala, y la Gaceta que se publicaba en esta ciudad dirigía a todas las provincias ardientes exhortaciones en favor de los Reyes destronados, en las que trataba a Napoleón con el mayor vilipendio por su proceder con ellos.

Luego vinieron noticias de la indomable energía con que el pueblo español luchaba por su independencia y de los trabajos de las Cortes de Cádiz, en las que ya se concedió representación a las provincias americanas, y de las que surgió la Constitución de 1812, que fue jurada en Tegucigalpa en octubre del mismo año.

Hechos de importancia, de otro orden, contribuían a mantener en agitación a Tegucigalpa. El Ayuntamiento de esta Villa estaba empeñado en el restablecimiento de la Alcaldía Mayor que se había suprimido en 1788, pues al desear segregarse de Comayagua, perseguían, según acta celebrada el 6 de febrero de 1808, "un fin que renovaría la anterior gloriosa época de independencia del Gobierno". En enero de 1812 se concedió el restablecimiento de la Alcaldía

Mayor, precisamente como un medio de pacificar los ánimos exaltados con el movimiento popular revolucionario que había estallado el 1° del mismo contra el Ayuntamiento de la Villa; movimiento que era un eco de los efectuados en San Salvador, en Granada y en León en 1811, los que a su vez correspondían a los iniciados en México, Caracas, Quito, Buenos Aires y Montevideo para independizarse de España. Por manera que, antes del 1° de enero de 1812, todo era aquí hablar de independencia: de la independencia que la Villa de Tegucigalpa quería del Gobierno de Comayagua; de la independencia porque se batía España contra las huestes napoleónicas; y de la independencia porque se luchaba en México y en la América del Sur contra España, independencia a favor de la cual, siguiendo a San Salvador, León y Granada, había manifestado sus simpatías el pueblo de la Villa de Tegucigalpa, que ya aspiraba a más que su noble Ayuntamiento.

De otro lado hubo procesos y persecuciones. Hubo quien dijera en Nacaome que "el héroe talentoso de Bonaparte conquistaría la España y sus dominios y sería Rey y Señor de ellos". Hubo otro que en una serenata que se daba en Tegucigalpa en celebración de los triunfos que los españoles obtenían sobre los franceses, exclamara: ¡Viva Francia y muera España! Ambos fueron tratados con rigor, habiendo dicho respecto al segundo el Gobernador de Comayagua, Brigadier D. Juan Antonio de Tornos, que era preciso "ver si justificadamente se podía arrancar la infame lengua que había proferido tales expresiones". En Guatemala se había organizado un Tribunal Superior de Fidelidad. Ya circulaban por todo el Reino órdenes severas para evitar o conjurar los trastornos.

La batalla de Vitoria puso fin al reinado de José Bonaparte, y Fernando VII fue restaurado en el trono. Este abolió la Constitución de Cádiz y se declaró Rey absoluto. Los amigos de la independencia, por su parte, habían dado señales de vida con la conjuración de Betlén en Guatemala en 1813 y la nueva intentona revolucionaria ocurrida en San Salvador en 1814.

Luego se expidieron órdenes por el Capitán General de Guatemala, en cumplimiento de mandatos reales, para recoger los impresos que contenían las Instrucciones que para la constitución fundamental de la monarquía española y su gobierno, había dado el Ayuntamiento de la capital del Reino a su diputado a las Cortes Extraordinarias, el Dr. D. Antonio Larrazábal, y los Apuntes

Instructivos que al mismo diputado dieran varios regidores del mismo Ayuntamiento. Pues, según decía el Monarca, tal instrucción en que se veían copiadas a la letra muchas proposiciones de la Asamblea Nacional de Francia, había sido la que había encendido en estos países la tea de la discordia y ocasionado la revolución de algunas provincias por los principios sediciosos que contenían. No aparece que se hayan recogido y enviado de Tegucigalpa a Guatemala ejemplares de tales impresos, como tampoco aparece lo mismo respecto a otros impresos que también se mandaron recoger, en 1816, por considerarse su doctrina subversiva, sediciosa y destructora del orden público, fuera de contener errores teológicos algunos de ellos. Estos folletos eran cinco. Uno de ellos, que el autor de esta obra ha encontrado, tiene la siguiente portada: Catecismo político arreglado a la Constitución de la Monarquía Española para ilustración del pueblo, instrucción de la juventud y uso de las escuelas de primeras letras por D. J. C., en Córdoba en la Imprenta Real de D. Rafael Gareza Domínguez, año de 1812. Puesto que llegó este ejemplar, no es dudoso que hayan llegado los demás. Por el uso de estos folletos, después de recogidos, se mandaba castigar a los maestros con la mayor severidad.

La revolución de independencia continuó su curso en América; y en 1820 había de verse estimulada por el restablecimiento de la Constitución de Cádiz, al que Fernando VII se había visto obligado por la insurrección de Riego. En Guatemala aparecieron El Editor Constitucional, periódico de D. Pedro Molina, y El Amigo de la Patria, de D. José del Valle. Las discusiones que sostuvieron entre sí estos periódicos dieron su mayor impulso a la opinión en favor de la independencia.

En estas circunstancias regresó de Guatemala a Tegucigalpa D. Dionisio de Herrera quien, como secretario del Ayuntamiento de Tegucigalpa, empezó a hacer propaganda por aquella causa, o como decía el Alcalde Mayor D. Narciso Mallol, a "mover partidas contra la autoridad, porque su espíritu sólo caminaba al plan de independencia absoluta". Y D. Dionisio de Herrera era íntimo amigo del Presbítero D. Francisco Antonio Márquez, y éste era maestro y amigo de D. Joaquín Rivera.

Ahora bien: mientras Rivera, alternando con sus negocios, hacía sus estudios, aprovechando las venidas del P. Márquez a Tegucigalpa o siguiéndole a Yuscarán y Texíguat, en donde permanecía a su lado por temporadas de más o menos larga duración, había venido viendo el desfile de los acontecimientos y observando el curso de la opinión, y probablemente no le fueron extraños los folletos que, de orden del Rey, mandó recoger el Capitán General de Guatemala en 1815 y 1816.

En tales condiciones, el espíritu de Rivera no pudo conformarse al de la época anterior a la revolución, en que se blasonaba de sumisión y vasallaje; y ante los anhelos de libertad y las ideas de justicia que palpitaban en la lucha por la independencia, no pudo hallar su centro sino entre los amigos y defensores de ésta.

En consecuencia, Rivera había de seguir a D. Dionisio de Herrera. Este continuaba desarrollando sus trabajos, dispuesto a todo, y llegó hasta enviar un recado al Alcalde Mayor D. Narciso Mallol, amenazándolo con ponerle las manos en la cara por su actitud en contra suya. D. Ignacio Jirón, hermano del P. Márquez, dio el recado a Mallol y éste, que era muy impresionable y se hallaba muy enfermo, no pudo resistir el sentimiento de indignación que le produjo, y cayó sin sentido a los pies de Jirón. Al volver del ataque, Mallol dispuso salir a los pueblos del Sur, y de allá escribió a Guatemala informando sobre la conducta de Herrera y pidiendo licencia para ir a la capital.

Los trabajos de Herrera, con quien procedía de acuerdo en Comayagua D. Joaquín Lindo, no habían de seguir adelante en la forma que los había emprendido porque la Independencia se proclamó en Guatemala, sin sangre y sin lágrimas, el 15 de septiembre de 1821. El acta de proclamación se recibió en Tegucigalpa en la tarde del 28 del mismo; y en el instante, hizo su proclamación el Ayuntamiento de la Villa con las demás autoridades y sus principales vecinos, comprometiéndose todos a reconocer el gobierno que se organizara en Guatemala y a "contribuir a la independencia por cuantos medios fueran a su alcance, hasta sacrificar sus vidas y haciendas". El acta fue redactada por Herrera.

Este envió copias de ella y de la de Guatemala a todas las poblaciones de la jurisdicción. La enviada a Texíguat llegó a principios de octubre. Hallábanse entonces en dicho pueblo el Padre Márquez, cura de aquel beneficio, y D. Joaquín Rivera. Según una tradición,[3] el Padre reunió al pueblo y llamó a Rivera para que diese lectura al Acta de Independencia. Rivera procedió a ella con el más

---

[3] Carta del Lic. D. José Antonio Valladares al autor. Véase en el Apéndice a la Biografía del P. Márquez, publicada en 1915.

vivo júbilo, y el Padre Márquez fue explicando el acta punto por punto; y concluida la lectura y la explicación, entró a un cuarto, sacó una canastilla llena de monedas de plata y las regó entre el concurso a manera de lluvia. Interesante escena, digna de que la inmortalice en magnífico cuadro el pincel hondureño.

El pueblo de Texíguat se pronunció por la Independencia con el mayor entusiasmo. Pero había que cuidar, como lo recomendaba el acta, de que el paso de un gobierno a otro no perjudicase la tranquilidad pública. A ello encaminó sus esfuerzos Rivera de acuerdo con el P. Márquez, exhortando a todos a la fraternidad y a la concordia y a permanecer unidos en el sentimiento de asegurar y defender los derechos de la Patria que acababa de surgir a la vida.

Cuando ocurría esto, ya Joaquín Rivera tenía cumplidos veintiséis años. Estaba, pues, en la plenitud del desarrollo. Personas que lo conocieron entonces y cuyas palabras se han transmitido de boca en boca, decían que era de estatura mediana, de semblante reposado y severo y gallardo sin arrogancia. De color trigueño claro, frente alta, cabeza bien formada, cabello castaño oscuro ligeramente rizado, cejas prominentes, ojos pardos y vivos que miraban de frente y revelaban al escrutador y al pensador, nariz recta y de puro perfil que daba indicios de la energía de su voluntad, y boca de labios finos, cuyas líneas denunciaban, a la vez que su austeridad, la bondad de su alma. No usaba bigote ni barba. La escultura habría podido tomarlo como un modelo de regularidad y armonía de facciones. Y su aspecto de conjunto era el de un hombre que desde el primer momento atrae con la más irresistible simpatía, granjeándose al mismo tiempo un espontáneo sentimiento de respeto.[4]

El noble carácter de Rivera se adivina en su escritura. Su letra, hermosa letra española, igual y clara, es de trazos grandes, rectos y firmes en que los ángulos se suavizan con ligeras curvaturas y que expresan la serenidad, la franqueza y la honradez con que daba a conocer sus pensamientos. En el curso de esta narración se podrá apreciar mejor el alto valer de esta distinguida personalidad.

---

[4] Debo estos datos a D. Marcial Vijil, quien falleció en 1903, a los 78 años, y los obtuvo de Da. Cipriana Molina, quien falleció en 1904 a los 95 años. Conste aquí mi gratitud al respetable amigo.

CAPÍTULO II: RIVERA EN TEXIGUAT

SUMARIO: Conducta de Rivera en Texíguat. —Anexión a México. Jura del Imperio en Tegucigalpa y caída de éste. —La Asamblea Constituyente de Centroamérica. — Rivera, Secretario del Ayuntamiento de Texíguat. —Herrera, primer Jefe del Estado de Honduras. —Constitución Federal. —Primer Presidente de Centroamérica. —Constitución del Estado de Honduras. —Renuncia de Herrera. —Rivera nombrado Jefe Político Intendente de Choluteca. —Disolución del Senado Federal. —Arresto del Jefe de Estado de Guatemala. —Revolución promovida en Honduras por el Provisor del Obispado. —Convocatoria de Arce a un Congreso Nacional Extraordinario. —Convocatoria de El Salvador para la reunión de los Diputados de Honduras, Nicaragua y Costa Rica en Ahuachapán. —Rivera toma posesión de su cargo.

1821 a 1826

La conducta de Rivera con los vecinos de Texíguat dio el resultado que se deseaba: el pueblo se mantuvo en perfecta tranquilidad, y por otra parte adicto a Tegucigalpa, que se había comprometido a reconocer el gobierno que se organizara en Guatemala.

Comayagua había proclamado la Independencia con la precisa condición de que debía quedar sujeta únicamente al gobierno supremo que se estableciera en la capital de México; y pretendió someter a Tegucigalpa. Esta se preparó a resistir, y Juticalpa, Cantarranas y Texíguat enviaron tropas en su auxilio.

Iturbide, que había proclamado la Independencia de México bajo el Plan de las Tres Garantías, objetó el Acta de Guatemala, expresando que el interés de Guatemala y México era tan idéntico e indivisible que no podían erigirse en naciones separadas e independientes sin aventurar su seguridad y existencia, por lo que debían formar un solo todo, y en apoyo de estas pretensiones anunció que en breve tocaría en la frontera una división numerosa y bien disciplinada.

Para tratar de la anexión al Imperio Mexicano y de la independencia absoluta, el Ayuntamiento de Tegucigalpa celebró cabildo abierto el 23 de diciembre. Se votó en el sentido de aceptar lo que decidiera la Junta Consultiva a cuyo cargo estaba el gobierno de Guatemala; y hecho por ésta el escrutinio y regulación de los votos que se consideraron emitidos por la mayoría de los pueblos de que se componía el Reino, declaró el 5 de enero de 1822 la anexión al Imperio Mexicano.

Rivera no vio ni podía ver con agrado este cambio. Pensaba que debía llevarse a ejecución lo dispuesto en el Acta del 15 de septiembre, esto es, que el Congreso mandado convocar decidiera acerca de la independencia general y absoluta y fijara, en caso de acordarla, la forma de gobierno y ley fundamental que debía regir. Los cabildos abiertos a que, por consejo pérfido del Marqués de Aycinena, se había acudido para explorar la voluntad del pueblo respecto a la anexión, no podían, a su juicio, ofrecer la expresión de esa voluntad como voluntad verdadera que se hubiera determinado libre y conscientemente.

Pero, aunque el criterio de Rivera hubiera prevalecido en Tegucigalpa, la anexión se habría decretado: el partido imperialista contaba con toda clase de ventajas.

Tegucigalpa, al dar su voto en el sentido indicado, había tenido en mira no aumentar la división del Reino y, por otra parte, se dejó llevar de la gratitud por los auxilios que le había prestado Guatemala en sus desavenencias con Comayagua. Estos auxilios habían consistido en el envío de tropas a la Villa y a la de Los Llanos de Santa Rosa, al mismo tiempo que eran aprobadas las bases propuestas por Herrera como secretario del Ayuntamiento para la reorganización de la Provincia, en virtud de las cuales se creó gobierno político, militar y de hacienda que residiría en Tegucigalpa y tendría por jurisdicción los pueblos que le pertenecían y los demás de la Provincia de Comayagua que disintieran del gobierno de ésta.

A la aprobación de estas bases siguió el acuerdo de 11 de diciembre, en que la Junta Consultiva, por el patriotismo que había acreditado el muy noble Ayuntamiento de la Villa de Tegucigalpa desde la época gloriosa de la Independencia, por el celo que había desplegado en el sistema de unión, por la prudencia con que se había dirigido en los asuntos ocurridos y por el rango que ocupaba en la escala de las poblaciones de esta Provincia, confirió a la Villa el título de Ciudad y a su Ayuntamiento el de Patriótico. Este acuerdo se recibió en enero de 1822.

El 23 del mismo fue nombrado para el gobierno político de Tegucigalpa D. Dionisio de Herrera, y el 3 de febrero entró a ejercerlo.

Incorporado al Imperio Mexicano el Reino de Guatemala, se practicaron elecciones para diputados al Congreso que debía inaugurarse el 24 en México. Los elegidos por la Provincia de Tegucigalpa fueron el Presbítero D. Francisco Antonio Márquez y D. José Cecilio del Valle, como propietarios, y D. Próspero Herrera como suplente. De ellos llegó a aquella capital solamente Valle. Márquez llegó hasta México y de allí se volvió a Tegucigalpa.

La Regencia del Imperio había conferido a Gainza el mando interino de la Provincia, como ahora se llamaba al Reino de Guatemala. Gainza fue sustituido en su puesto el 22 de junio por el Brigadier D. Vicente Filísola, quien con seiscientos mexicanos, la división que había anunciado Iturbide, había llegado a la ciudad de Guatemala. Al hacerse cargo Filísola del gobierno, la Regencia ya no existía, pues el 19 de mayo, el Congreso de México, bajo las amenazas de un populacho desenfrenado y la presión de un pronunciamiento militar, eligió Emperador Constitucional del Imperio Mexicano al señor D. Agustín de Iturbide, General en Jefe del Ejército de las Tres Garantías. Iturbide se coronó el 21 de junio con el nombre de Agustín I.

El Ayuntamiento de Tegucigalpa celebró con solemnidad y grandes demostraciones de regocijo la elevación de Iturbide al trono, y el 23 de julio le dirigió una comunicación en que le manifestaba que Tegucigalpa no quiso la unión a México mientras creyó que reinaría la familia de Borbón, pero que ahora, al verlo exaltado al trono del Imperio, había prestado el homenaje y juramento correspondiente, hacía votos por su felicidad y acreditaría su lealtad y su respeto hasta con la última gota de su sangre.

Da tristeza este lenguaje en la misma Corporación que el 7 de enero, con motivo de los auxilios que Comayagua pidió a la Junta Provincial de León para someter a Tegucigalpa en favor de la incorporación a México, decía a aquella Junta: "Tegucigalpa será el sepulcro de los enemigos de su libertad y derechos". Pero todo había cambiado.

El Ayuntamiento de Tegucigalpa procedió el 28 de agosto a la jura pública del Imperio y celebró en esta fecha la independencia del de España.

Iturbide disolvió el Congreso el 31 de octubre. Filísola, con orden de someter a San Salvador, ocupó Santa Ana en noviembre y no pudo entrar a aquella ciudad hasta el 9 de febrero de 1823, habiendo hecho levantar el 10 un acta de reconocimiento y obediencia al Imperio.

Cuando Filísola se batía contra los salvadoreños que resistían heroicamente, ya el Imperio estaba en agonía. El 6 de diciembre, esto es, cinco días antes de que Filísola se situara en Mapilapa, a cuatro leguas de San Salvador, para amenazar esta plaza, había ocurrido el pronunciamiento de Casa Mata que dio por resultado la abdicación de Iturbide el 20 de marzo y la salida de éste con su familia para Italia.

El 29 del mismo mes Filísola dictó en Guatemala un decreto ordenando que, con arreglo al Acta del 15 de septiembre de 1821, se reunieran en aquella ciudad a la mayor brevedad todos los diputados de las provincias que hasta el 5 de enero de 1822 se mantuvieron unidas y adictas al gobierno independiente. Y se invitó también a las provincias de Comayagua, Chiapas, Quezaltenango, León y Costa Rica a que enviasen sus representantes si querían adherirse por ser comunes e idénticos sus intereses.

Señálase para la apertura de la Asamblea el 1° de junio, pero no se pudo efectuar hasta el 24. Asistieron cuarenta y un representantes de todas las provincias con excepción de Chiapas, el único representante de Honduras que estuvo presente en ella fue D. Francisco Aguirre. Los demás, entre ellos el Presbítero D. Francisco Antonio Márquez, elegido por Tegucigalpa, llegaron muy después a Guatemala. Las labores empezaron el 29: las provincias habían reasumido su soberanía, que México, a virtud de las gestiones de D. José del Valle, había de reconocer por decreto de 20 de agosto de 1824.

La Asamblea dictó el 1° de julio de 1823 la segunda Acta de Independencia. En ella declaró que las Provincias Unidas del Centro de América son libres e independientes de la antigua España, de México y de cualquier otra potencia, así del Antiguo como del Nuevo Mundo, y que no son ni deben ser el patrimonio de persona ni familia alguna.

Rivera, que se había manifestado opuesto a la anexión al Imperio Mexicano, vio con la mayor satisfacción la apertura de la Asamblea Constituyente y sus declaraciones de independencia absoluta. Desde principios del régimen imperial se había quedado en Texíguat, dedicado al comercio, con lo que pronto pudo obtener una pequeña fortuna, y en 1823 había aceptado el cargo de secretario del Ayuntamiento de aquel pueblo, en cuyo espíritu hizo arraigar tan hondamente sus ideas en favor de las instituciones que iban a adoptarse y fueron adoptadas, que lo convirtió en el más celoso, el más constante y el más abnegado defensor de ellas.

Desde aquel pueblo seguía con interés los trabajos de organización de la República. Se había creado un triunvirato para el ejercicio del Poder Ejecutivo; se había mandado prestar juramento de reconocimiento y obediencia a la Representación Nacional por todos los pueblos, autoridades y funcionarios públicos; se había ratificado por los representantes de Honduras, Nicaragua y Costa Rica que no habían llegado a Guatemala con motivo de la permanencia allí de Filísola y de su división, la declaratoria de independencia del 1° de julio; se habían mandado publicar las bases de la Constitución, en las que se adoptó la forma de gobierno popular, representativo, federal, de modo que las antiguas provincias del Reino serían Estados; y se había llegado a un arreglo, conforme al cual se formaría en la Federación un Estado de las provincias de Tegucigalpa y Comayagua, en que Honduras estaba dividido, la Legislatura se reuniría alternativamente en Comayagua y Tegucigalpa y para la primera reunión decidiría la suerte. Este arreglo fue resultado de las inteligencias que hubo entre el Diputado Márquez y los diputados por Comayagua.

En mayo de 1824 se mandó que en los que habían de ser Estados se procediera a elegir y reunir sus Congresos Constituyentes y a nombrar los Jefes y Vicejefes que debieran ejercer provisionalmente el Poder Ejecutivo. El Congreso Constituyente de Honduras se instaló en Cedros el 29 de agosto; el día siguiente, en mérito de lo prevenido sobre designación del lugar de residencia, decretó residir alternativamente un año en la ciudad de Tegucigalpa y otro en la de Comayagua, correspondiendo a aquélla el primer año por haberlo decidido así la suerte; el 16 de septiembre abrió sus sesiones en Tegucigalpa y procedió a abrir los pliegos que contenían las elecciones de Jefe, Vicejefe y Senadores del Estado; y no habiendo mayoría absoluta, nombró entre los ciudadanos que allí se designaban, Jefe del Estado a D. Dionisio de Herrera y Vicejefe a D. José Justo Milla. El Jefe duraría cuatro años y tendría las atribuciones que señalaba el artículo 34 de las bases sancionadas por la Asamblea Nacional el 17 de diciembre anterior y las que estableciera la

Constitución del Estado. Herrera entró inmediatamente al ejercicio de sus funciones. Fueron nombrados Senadores D. Juan Esteban Milla y D. José Jerónimo Zelaya, y suplente el Dr. D. Juan Miguel Fiallos.

El 22 de noviembre se decretó la Constitución de la República Federal de Centroamérica, que fue jurada por el Congreso Constituyente de Honduras el 20 de febrero de 1825, en la ciudad de Comayagua, a donde se había trasladado en virtud de Decreto del 22 de enero. Pronto fue jurada en las demás poblaciones.

La Asamblea Nacional de Centroamérica había cerrado sus sesiones el 23 de enero, y el Congreso Federal abrió las suyas el 6 de febrero. En 21 de abril declaró electo Presidente de la República al General D. Manuel José Arce, defraudando la voluntad popular que se había manifestado en favor de D. José Cecilio del Valle. Arce tomó posesión el 29; su elección fue reconocida en Honduras; pero estuvo a punto de ser causa de que se alterara el orden, pues, según se dijo, varios vecinos ofrecieron veinte mil pesos a ciertos funcionarios para que sostuvieran el partido de D. José del Valle, pero no encontraron eco. Al fraude parlamentario quiso corresponder la protesta armada; la guerra civil se evitó entonces, pero no había de tardar en encenderse, a causa de la conducta del que, con burla de la ley, había sido elevado al solio presidencial. El Congreso Federal de 1825 se creyó omnipotente, y no pensó que cometía un crimen al falsear la elección y contrariar la voluntad del pueblo centroamericano. Y fue un gran crimen, y de él provienen las desgracias que han afligido y afligen aún a la América Central que, dividida, débil y sin respetabilidad, está en peligro de perder su independencia en los momentos mismos en que va a cumplirse el primer centenario de haberla obtenido.

La Asamblea Constituyente hondureña empezó a discutir, en la sesión del 2 de mayo, el proyecto de Constitución del Estado; y concluidas las discusiones, la firmó el 11 de diciembre, habiéndola jurado y mandado jurar conforme al Decreto que al efecto dictó el día anterior. La fórmula del juramento para todas las autoridades y funcionarios era ésta: "¿Juráis guardar y cumplir la Constitución del Estado de Honduras, dada y sancionada por su Asamblea Constituyente y observarla como ley fundamental? — Sí juro. — Si así lo hiciereis, Dios y el Estado os premiarán". El Jefe del Estado D. Dionisio de Herrera decretó su ejecución en la fórmula: Ejecútese, que firmó de su mano y que refrendó el Secretario General del

Gobierno, D. Francisco Morazán, luego de lo cual prestó el juramento el primero.

El mismo día 11 de diciembre, la Asamblea procedió al escrutinio de votos para individuos del Consejo Representativo del Estado, y declaró que estaban electos: propietarios los ciudadanos Deán D. Juan Miguel Fiallos, D. Vicente Ariza, D. Francisco Morazán y D. Ciriaco Velázquez; y suplentes: D. Felipe Reyes y el Presbítero D. Joaquín María Rivera. El Consejo se instalaría el día siguiente al de la apertura de las sesiones de la Asamblea Ordinaria. El 12 de diciembre cerró sus sesiones la Constituyente. La labor principal de organización estaba concluida. De los demás Estados de Centroamérica, El Salvador decretó su Constitución el 12 de junio de 1824, Costa Rica el 22 de enero de 1825 y Guatemala el 11 de octubre de este mismo año. Nicaragua no dictó la suya hasta el 8 de abril de 1826.

La Asamblea Constituyente de Honduras, por Decreto de 28 de junio, dividió el territorio del Estado en siete Departamentos: el de Comayagua, el de Tegucigalpa, el de Gracias, el de Santa Bárbara, el de Yoro, el de Olancho y el de Choluteca. Conforme a esta demarcación, mandó el 28 de julio elegir Diputados para la primera Asamblea Ordinaria con total arreglo al decreto de la Asamblea Nacional Constituyente de 5 de mayo de 1824. La Asamblea Ordinaria se reunió en Tegucigalpa el 5 de abril de 1826, y el día siguiente se instaló con tres de sus miembros el Consejo Representativo, del que fue designado Presidente D. Francisco Morazán. Sólo la Corte Superior de Justicia no se había podido instalar.

No obstante que Herrera había sido electo Jefe del Estado para cuatro años, el Diputado Pablo Irías hizo proposición el 17 de abril ante la Asamblea Ordinaria para que se procediese a nueva elección de Jefe Supremo, pues entendía que la de aquél era provisional y debió cesar en sus funciones desde que se publicó la Constitución del Estado. La Asamblea, con protesta del Diputado Milla, quien salvó su voto, entró a discutir la proposición en sesión secreta. La orden de elecciones se dictó, pero fue reclamada por el Consejo Representativo. Se consultó entonces al Senado Federal, y éste acordó que la Asamblea tomara de nuevo en consideración el asunto y excitó al Consejo a contribuir a la concordia.

La Asamblea insistió, y el Consejo acabó por aprobar la orden de elecciones, habiéndose dictado el 1° de junio la ley conforme a la cual se debía proceder a ellas. En presencia de todo esto, Herrera, para evitar mayores dificultades, renunció su cargo el 12 de julio. La Asamblea se negó a tomar en consideración la renuncia, fundada en que no había número para deliberar.

Esto no era más que la primera manifestación en Honduras de la política del Presidente Arce. La elección del Presidente Federal se había mandado practicar con arreglo a la misma ley de 5 de mayo de 1824 que se observó en la elección de Jefes de Estado, y nadie pensó en que, por entrar a regir la Constitución Federal, debía considerarse provisionalmente electo el Presidente de la Federación, ni que debieran considerarse Jefes de Estado provisionales, D. Juan Barrundia de Guatemala, D. Juan Vicente Villacorta de El Salvador, D. Manuel Antonio de la Cerda de Nicaragua y D. Juan Mora Fernández de Costa Rica. Arce quería preparar un cambio, y buscó un pretexto ya que no podía hallar una razón. El Diputado Irías se prestó a hacer la proposición indicada, queriendo hacer disentible el período de Herrera, y el Diputado D. Juan Lindo, instado por Arce, cuyas instrucciones seguía, vino a tomar asiento en la Asamblea y a agitar la opinión para que se negara obediencia a las autoridades legítimamente constituidas. D. José Justo Milla, elegido Vicejefe, estaba en el secreto de las miras de Arce, pues, para concurrir a ellas, renunció su cargo, habiéndose aceptado su renuncia en la misma sesión del 17 de abril. Confirma esto su conducta posterior.

En las sesiones siguientes de la Asamblea no se volvió a tratar de la renuncia presentada por Herrera. Pero el Diputado Lindo siguió haciendo dificultades. En la sesión del 7 de agosto pidió, con los Diputados Gómez, Castejón y Andrade, que se declarara que no había ni podía haber Consejo Representativo con el número de tres individuos, ya que, siendo siete los Departamentos, debía haber siete Consejeros, y sería monstruoso que tres Departamentos impusieran la ley a cuatro.

Lindo y sus compañeros olvidaban que los cuatro Consejeros electos lo fueron por todo el Estado y no en representación de cuatro Departamentos, y en tal concepto el Consejo funcionaba legalmente, integrado por los Consejeros Morazán, Fiallos y Velázquez, aunque faltara el Consejero Ariza, que nunca vino a ocupar su puesto, pues se hallaba reunida la mayoría de aquel cuerpo. No habiendo podido los proponentes lograr que se disolviese el Consejo, acudió Lindo a otro expediente. Atrajo a su causa al Consejero Velázquez, pariente y amigo suyo, y consiguió que éste dejara de asistir al Consejo, con lo que sólo quedaron dos Consejeros.

Entre tanto, el Jefe Herrera, que deseaba que llegasen a los puestos públicos las personas de acreditadas capacidades y de acrisolada reputación, excitaba a D. Joaquín Rivera a prestar sus servicios al Estado; y por Acuerdo de 22 de agosto le confirmó el nombramiento de Jefe Político Intendente del Departamento de Choluteca. El acuerdo se comunicó al Jefe Político de Tegucigalpa, a fin de que expidiera la orden necesaria para que se diera al nuevo Jefe posesión de su empleo y se le hiciera reconocer por los pueblos de la jurisdicción.

D. Joaquín Rivera aceptó, pero no pudo tomar posesión de su cargo hasta el 13 de diciembre. De la fecha de su nombramiento a la de su posesión ocurrieron graves sucesos. El 2 de septiembre quedó disuelto de hecho el Senado Federal, por haberse retirado dos de sus miembros, quienes sabían que se iba a tratar de deducirle responsabilidad al Presidente Arce por algunos de sus actos y no querían que se le declarase con lugar a formación de causa. D. Juan Barrundia, Jefe del Estado de Guatemala, fue aprehendido de orden de Arce y preso en el Palacio Federal. De orden del mismo fueron desarmadas las tropas cívicas de aquel Estado. En Comayagua continuaban las agitaciones de Lindo, y el Presbítero D. José Nicolás Irías, Provisor del Obispado, de quien era hermano el Diputado Pablo Irías, había escrito cartas a los Curas y a otras personas, dirigidas contra el Gobierno e invitando, con pretextos de religión, a alarmar los pueblos.

Con las noticias de lo ocurrido en Guatemala, los facciosos formaron el plan de apoderarse de las armas y despojar al Jefe del Estado y a las demás autoridades, crimen que debía de cometerse en la noche del 5 de octubre; pero se frustraron tales intentos. El Gobierno, que no quería perseguir a nadie, fue autorizado por la Asamblea para correr un velo sobre aquellos sucesos, que no debía descorrerse sino por hechos posteriores.

Pero se meditaron nuevos atentados: hubo reuniones de gente armada en la casa del Padre Provisor; hubo juntas nocturnas en la casa del Consejero Velásquez; y el 3 de noviembre, a las dos y media de la mañana, se trató de asesinar al Jefe Herrera, disparándole a un tiempo por las ventanas de su casa cinco balazos.

La Asamblea, con este motivo, puso fuera de la ley al Provisor Irías. Este, a quien poco antes se había decretado prisión, señalándole por cárcel el recinto de la ciudad de Comayagua, había mandado fijar carteles de excomunión contra Herrera, hizo extraer algunas de las alhajas de la catedral que mandó vender para adquirir elementos de guerra con que armar a los descontentos, logró evadirse a Erandique, e hizo que se pronunciaran contra el Gobierno los de Gracias, Santa Bárbara y Olancho. Por otra parte, Arce había decretado el 10 de octubre la convocatoria de un Congreso Nacional Extraordinario plenamente autorizado por los pueblos para restablecer el orden constitucional, que se instalaría en la villa de Cojutepeque. Y en 6 de diciembre, el Gobierno de El Salvador dictaba otro Decreto convocando a los Estados de Honduras, Nicaragua y Costa Rica a reunir sus Diputados en Ahuachapán para resolver allí el punto en que debieran residir las autoridades de la Federación, no contándose para esto con la representación del Estado de Guatemala por hallarse políticamente disuelto.

Herrera convocó a sesiones extraordinarias a la Asamblea, y ésta acordó que no se diese cumplimiento al Decreto del Presidente Arce y aprobó el de 6 de diciembre, que había merecido las más vivas aclamaciones de los pueblos.

En estas circunstancias se hacía cargo D. Joaquín Rivera del Gobierno Político e Intendencia del Departamento de Choluteca.

CAPÍTULO III: RIVERA EN CHOLUTECA

SUMARIO: Situación borrascosa. — Acciones de Tegucigalpa y Erandique. — Invasión de Honduras por fuerzas federales: sitio y rendición de Comayagua. — Actitud de Rivera. — Ordóñez en Choluteca. — Milla ordena la captura de Rivera. — Batalla de la Trinidad. — Morazán en el Poder Ejecutivo del Estado. — Ordénase la renovación de las autoridades supremas del mismo. — Invasión de Domínguez por San Miguel. — Joaquín Rivera y Joaquín Aguiluz, enviados de Morazán a Nicaragua en solicitud de auxilios. — Domínguez retrocede a San Miguel: es vencido por Morazán en la batalla de Gualcho. — Consecuencias de esta batalla. — Conducta de Rivera con Lindo. — Morazán, electo en propiedad Jefe del Estado. — La facción de Olancho: capitulación de las Vueltas del Ocote. — Morazán, Presidente de la República de Centroamérica. — Joaquín Rivera, electo Jefe del Estado: renuncia y es nombrado en su lugar D. José Antonio Márquez. — Rivera cesa en sus funciones de Jefe Intendente de Choluteca.

1826 a 1831

Borrascosa era la época en que Rivera comenzó a prestar sus servicios al Estado; pero él estaba resuelto a sostener y defender las instituciones existentes, en su esfera de acción, secundando la política del Jefe Herrera.

Pronto la situación se agravó. El 24 de enero de 1827 los desafectos al Gobierno atacaron el cuartel de Tegucigalpa, y después de un vivo combate fueron rechazados. Es éste el primer hecho de armas que ensangrentó el suelo hondureño. Al día siguiente se libró otra acción en Erandique, desde donde el Provisor Irías mantenía en inquietud a los pueblos. El Gobierno envió una columna de texíguats contra él y su gente, y éstos fueron derrotados. Los restos de esta fuerza se replegaron a Gracias a las órdenes del Presbítero D. José Donaire, quien había sido Diputado a la Asamblea Constituyente y había abrazado la causa del Provisor Irías.

Entretanto éste había obtenido de Arce que invadiera el Estado. El 10 de enero salieron de la ciudad de Guatemala doscientos hombres pertenecientes a la Federación, para la villa de Los Llanos de Santa Rosa, los que recibieron orden de sacar de Chiquimula, que era el tránsito escogido, trescientos fusiles más. Este destacamento venía a las órdenes del Coronel José Justo Milla, quien, como se recordará, había renunciado en abril anterior la Vicejefatura del Estado y traía por misión ostensible la de custodiar los tabacos de la Federación, almacenados en aquella villa, que se decía iban a ser tomados por el Jefe de Honduras. La orden para la salida de esta fuerza se había dado desde octubre de 1826, esto es, cuando ocurrieron los primeros disturbios de Comayagua. Dice Arce en sus Memorias que Milla había recibido orden de reclutar en Los Llanos más tropa del país si la creía necesaria para desempeñar su comisión, y que si Herrera atacaba primero, batiese sus tropas, porque si había de haber gobierno federal, era inevitable que cuando los Jefes de los Estados tomaran las armas para atacar y rebelarse, fueran reprimidos con las armas.

Herrera no pensaba en tomar tales tabacos, y lo demuestra el hecho de que estaban intactos desde octubre a principios de marzo, en que llegaron a Los Llanos las tropas de Milla. Y como la expedición de éste no tenía por verdadero objeto los tabacos, no permaneció en Los Llanos sino que avanzó hacia Comayagua. En Yamaranguila fue detenida por algún tiempo la marcha de su División por el oficial Francisco Ferrera que se hallaba allí de observación con diez hombres; y sin más novedad, siguió adelante y el 4 de abril llegó a Comayagua y le puso formal sitio. La plaza se defendió vigorosamente, a tal punto que el 12 el invasor hizo incendiar la ciudad por tres rumbos, a pesar de lo cual tuvo que hacer replegar su tropa al campamento. Morazán y otros oficiales que defendían la plaza lograron salir a unirse a una División de patriotas que llegó de Tegucigalpa al Valle para atacar a los sitiadores por retaguardia. Milla envió contra ellos doble fuerza que fue derrotada en la hacienda de la Maradiaga. La fuerza victoriosa se disolvió por falta de parque, y así aquel esfuerzo resultó inútil. Comayagua hubo de rendirse el 9 de mayo por capitulación celebrada con el Comandante de Armas, que lo era el chapetón Antonio Fernández.

Este redujo a prisión al Jefe Herrera, a quien se envió a Guatemala bajo la custodia de sesenta hombres al mando del Capitán Ramón Tablada, aunque debía juzgársele en Comayagua por la Legislatura ya que se hablaba de deducirle responsabilidades. Arce le dio en Guatemala por prisión su propia casa y tiempo después lo dejó en libertad. Milla, mientras tanto, cumpliendo órdenes de Arce, mandó practicar elecciones para la renovación de los Poderes Constitucionales de Honduras. Este es el secreto de la comisión dada a Milla para guardar los tabacos de Los Llanos. Otra prueba de las miras especiales de Arce fue la invasión al Estado de El Salvador, en donde sus fuerzas fueron derrotadas en Milingo, desgracia que, al decir de Marure, no podía estimarse compensada con la toma de Comayagua.

En auxilio del Jefe Herrera, había enviado el Gobierno de El Salvador al Coronel Cleto Ordóñez con trescientos hombres. Estos llegaron a Tegucigalpa cuando ya Comayagua había sucumbido. Ordóñez se retiró con dirección a Nicaragua por la vía de Choluteca.

Don Joaquín Rivera, entretanto, había mantenido todos los pueblos del Departamento que gobernaba leales al régimen combatido por el invasor. El 16 de mayo envió aviso al Ayuntamiento de Texíguat, pueblo comprendido en la jurisdicción de aquel Departamento, de que por conducto fidedigno se sabía que había llegado a Langue el derrotero de las tropas de Milla y se infería que éstas irían con el objeto de batir las tropas de Ordóñez, posesiones de Choluteca y cortar comunicaciones entre Nicaragua y El Salvador. El correo había salido a las once de la mañana y llegó al día siguiente a Texíguat, a donde Morazán había llegado poco antes con sus compañeros en la defensa de Comayagua, los Coroneles D. Remigio Díaz, D. José Antonio Márquez y D. José María Gutiérrez. Informado Morazán del aviso, escribió al Padre Márquez, quien se hallaba en Mandasta, que estaba muy en el orden que Milla tratara de destruir toda fuerza que pudiera oponérsele o aumentarse, y no estaba fuera de él que se les buscara donde creyera que podrían estar obrando contra los intereses del Presidente; y esto los obligaba a salir el mismo día.

Morazán y sus compañeros salieron de Texíguat y, buscando su seguridad, se incorporaron a Ordóñez en Choluteca. Allí tuvieron noticia de un asesinato cometido en Sabanagrande por gente de Ordóñez, que no había sido castigado, y como este incidente podía perjudicar su honor, se separaron de aquel Jefe y pidieron garantías a Milla para permanecer en Honduras. Milla les envió pasaporte, pero sólo a Morazán le inspiró confianza. Sus compañeros prefirieron salir del territorio del Estado. Morazán fue capturado en Ojojona y conducido a Tegucigalpa. Aquí se fingió enfermo de gravedad, logró que se le excarcelara bajo fianza y luego emprendió viaje: pocos días después se reunía en León con sus compañeros.

A la salida de Ordóñez de Choluteca hacia Nicaragua, Milla dio orden de captura contra Rivera, y nombró Gobernador Intendente de aquel Departamento a un señor Pinel. Rivera hubo de retirarse; pero pronto fue repuesto en sus funciones por la División que Morazán organizó en aquella plaza con auxilios que obtuvo en León, con los restos de una fuerza salvadoreña que poco antes había sido derrotada por las de Milla en Sabanagrande y con los soldados patriotas que habían acudido de Cantarranas, San Antonio, Texíguat, Tegucigalpa y otros pueblos. Esta División salió de Choluteca al encuentro de Milla, y lo batió completamente en la célebre batalla de la Trinidad el 11 de noviembre de 1827, con lo que Honduras quedó libre de los invasores, y se pudo reorganizar el Estado. Morazán se hizo cargo del Poder Ejecutivo provisionalmente, en su carácter de Presidente del Consejo.

El 12 de febrero de 1828 se reunieron en Comayagua, en sesiones preparatorias, los Diputados a la Asamblea Ordinaria para ver de restablecer el orden constitucional. En la sesión del 14, creyendo que con la presencia de D. Dionisio de Herrera el orden quedaría restablecido y la opinión pública uniformada, acordaron restablecer la autoridad de él como Jefe del Estado y dictaron las disposiciones conducentes a su regreso. Este acuerdo no tuvo efecto. La Asamblea se instaló el 17 de marzo y nombró su Presidente a D. José Antonio Márquez.

El 26 la Asamblea aprobó la proposición del Diputado D. Francisco Milla para que se autorizara extraordinariamente al Jefe Supremo Provisional con todas las facultades y atribuciones que fueran necesarias para restablecer el orden constitucional; y la de los Diputados Vijil, Milla y Rivera para que, entre las facultades extraordinarias, se comprendiera la de que el actual Jefe, por sí o por el medio que estuviera a su alcance, pudiera impetrar auxilio de la Nación Mexicana para restablecer el sistema federal y las autoridades legítimas.

En la misma fecha mandó que se procediera a elecciones de Consejeros de Estado, Diputados a la Asamblea Ordinaria que debía de renovarse en totalidad, Jefe y Vicejefe del Estado y Magistrados de la Corte Superior de Justicia.

La Asamblea recesó el 28.

Morazán, con la autorización recibida, dirigió sus providencias a aumentar considerablemente el Ejército y el tesoro público que debía sostenerlo, pues había noticia oficial de que el Estado de Honduras iba a ser ocupado por una División guatemalteca al mando del Coronel Vicente Domínguez, quien invadiría por San Miguel. Morazán abandonó la capital, se trasladó a Tegucigalpa y de allí pasó a Choluteca.

Domínguez había llevado a mexicanos para cooperar a la rendición de San Salvador, que tenían sitiada los guatemaltecos. Fue destacado sobre San Miguel; en Quelapa derrotó el 13 de abril una División de salvadoreños, y el 25, habiéndose adelantado hasta Goascorán, derrotó allí una fuerza que Morazán había destacado a las órdenes del Coronel D. José Antonio Márquez.

Morazán se retiró a Texíguat mientras el enemigo avanzaba en su seguimiento hacia Choluteca. De esta ciudad había enviado aquél a D. Joaquín Rivera y a D. Joaquín Aguiluz a Nicaragua en solicitud de auxilios. Domínguez no se atrevió a seguir adelante y retrocedió a San Miguel. Morazán volvió a Choluteca y, habiendo obtenido el mejor éxito sus comisionados, dictó el Decreto de 4 de junio, por el que, declarando que era necesario acabar de organizar una División respetable que obrara sobre los enemigos que ocupaban por la fuerza varios pueblos del Estado de El Salvador, por hallarse unido con el de Honduras para sostener el Federalismo y que las circunstancias lo obligaban a ponerse a la cabeza de ella, reasumió el mando militar del Ejército existente en aquella villa. Pasó luego a Goascorán, y allí dictó el 18 de junio un Decreto por el que depositó el Poder Ejecutivo en el Vice-Jefe Provisional del Estado D. Diego Vijil, y entrando sin tardanza al territorio salvadoreño, obtuvo sobre el Coronel Domínguez en Gualcho el 6 de julio la más brillante victoria.

El triunfo de Gualcho tuvo los mejores resultados, pues contribuyó a que los sitiadores de San Salvador quedaran en poder de los sitiados y a que se pudiera preparar la campaña que terminó con la ocupación de la ciudad de Guatemala el 13 de abril de 1830 por Morazán, a la cabeza de los ejércitos aliados de Honduras, Nicaragua y El Salvador.

Así concluyó la guerra a cuyos comienzos había entrado Rivera a ejercer la Jefatura Política e Intendencia del Departamento de Choluteca.

Una muestra dio entonces Rivera de la nobleza de su carácter. Toda la correspondencia que el Provisor Irías y D. Juan Lindo, autores de la revolución contra Herrera y promotores de la invasión a Honduras, tuvieron con el Coronel D. José Justo Milla, que realizó ésta, cayó en manos de Rivera. Pudo Rivera publicarla con grave perjuicio de Lindo, pero se abstuvo de hacerlo.

La Asamblea Ordinaria se reunió en Comayagua el 4 de marzo de 1829, y el día siguiente procedió al escrutinio de los votos para Jefe y Vice-Jefe del Estado, Consejeros y Ministros de la Corte Suprema de Justicia. No habiendo tenido mayoría ninguno de los candidatos, nombró por unanimidad Jefe al General D. Francisco Morazán; Vice-Jefe a D. Diego Vijil; Consejero propietario a los señores D. Juan Ángel Arias; D. Juan José Montes, D. José Santos del Valle y D. Ignacio Jirón; y suplentes a D. Francisco Milla y D. Mariano Vela. Ministros de la Corte Superior de Justicia nombró a los señores Licenciados D. Nicolás Buitrago, Presidente; D. Juan José Guzmán, Fiscal; Ministros propietarios, a D. Liberato Valdés y D. Joaquín Rivera, y suplentes a D. Ramón Vijil y D. Joaquín Aguiluz. Rivera no aceptó el nombramiento.

Desde el mes de septiembre de 1828 se había levantado por los que habían perdido sus esperanzas a causa de la batalla de Gualcho, una nueva revolución en el Departamento de Olancho. El Gobierno envió una División, a las órdenes del Coronel Márquez, a pacificarlo; pero la pacificación no se había podido obtener aún en noviembre de 1829. Morazán salió entonces de Guatemala en dirección a Honduras. Tomó posesión de la Jefatura del Estado el 2 de diciembre en Tegucigalpa, la depositó el 24 del mismo en el Consejero D. Juan Ángel Arias y se puso en marcha para Olancho. El 21 de enero siguiente firmó en el paraje denominado Las Vueltas del Ocote una capitulación con los rebeldes, por la cual se comprometieron éstos a reconocer y prestar obediencia al Gobierno de Honduras. ¡Olancho estaba pacificado! La capitulación fue ratificada el 30 por la Asamblea, presidida a la sazón por D. Dionisio de Herrera, y la ratificación sancionada el 31 por el Congreso Representativo, presidido por D. Ignacio Jirón.

A la caída de las autoridades federales y del Estado de Guatemala que habían hecho la guerra a Honduras y El Salvador, se había mandado proceder a la renovación general de Diputados y Senadores, de Presidente y Vicepresidente de la República y Presidente,

Ministros y Fiscal de la Suprema Corte de Justicia. El Congreso Federal, por Decreto de 22 de junio de 1830, declaró Presidente de la República, electo popularmente, al ciudadano Francisco Morazán.

Este había vuelto el 22 de abril al ejercicio de la Jefatura del Estado de Honduras, y llamado a Guatemala a tomar posesión de la Presidencia de Centroamérica, la Asamblea se reunió en sesiones extraordinarias el 28 de julio, y en este día dictó un Decreto en el que, apoyándose en el artículo 108 de la Constitución Federal y disposiciones de la segunda Asamblea en sus últimas sesiones extraordinarias, mandó proceder al nombramiento de Jefe Supremo del Estado. Por Decreto de la misma fecha dio a reconocer como Jefe al Consejero D. José Santos del Valle, pues D. Diego Vijil, elegido Vice-Jefe, había presentado la renuncia de su cargo el 15 de marzo.

Practicadas las elecciones, la Asamblea se reunió en forma extraordinaria en Tegucigalpa, el 9 de diciembre, para abrir los pliegos que contenían los sufragios de los pueblos; hizo el escrutinio, y no encontrando mayoría de votos en favor de ninguno de los candidatos, en uso de sus facultades, eligió por unanimidad en la misma fecha al ciudadano Joaquín Rivera. En el Decreto facultó al depositario del Poder Ejecutivo señor del Valle para que, en caso de que la Asamblea o el Consejo no estuvieran reunidos en los quince días en que debía comparecer a Tegucigalpa el Jefe electo, diera posesión a éste.

En la consideración de que Rivera aceptaría la Jefatura del Estado, el señor del Valle nombró en 12 de diciembre Jefe interino del Departamento de Choluteca al ciudadano Juan José Pinel; pero, habiendo fallecido éste, nombró en Decreto del 7 de enero de 1831 al ciudadano Mariano Tomé.

Rivera no aceptó. Con fecha 3 de marzo envió a Choluteca su renuncia a los Secretarios de la Asamblea Ordinaria, rogándoles que, como representantes en ella, la considerasen y expresaran sus votos en favor de su admisión, asegurándoles que si estuviera en aptitud de servir al Estado, lo haría gustoso, a pesar de su insuficiencia. Fundaba su renuncia: 1°, en que era aún Jefe Intendente del Departamento de Choluteca, y aunque había llamado al provisional que estaba nombrado para que lo subrogara, no había comparecido; 2°, en que las enfermedades de que adolecía hacía más de dos años, le exigían retirarse de los negocios públicos; y 3°, en que no habiendo rendido las cuentas de la administración de los caudales del Estado que manejó en su Departamento, que pasaban de sesenta mil pesos, no podía ser promovido a otro destino sin estar justificada su solvencia y buen desempeño, si no era con infracción del artículo 81 de la Constitución del Estado.

La Comisión que la Asamblea nombró para dar dictamen acerca de la renuncia, no tuvo bastantes las causas antedichas, y opinó: 1º, que no se admitiera la renuncia al ciudadano Joaquín Rivera; 2º, que, a la mayor brevedad, se le exigiera al nuevo Jefe Intendente nombrado para aquel destino, fuera a hacerse cargo de él; 3º, que el ciudadano Rivera, electo Jefe Supremo del Estado, rindiera cuenta de los caudales que había manejado en todo el tiempo de sus funciones; señalándose un término competente y perentorio; y 4º, que a los ocho días de cumplido el término indicado, debía estar en Tegucigalpa, ocupando el lugar de su destino.

En consecuencia con este dictamen, los patriotas se empeñaron fuertemente en que Rivera aceptase el mando; pero, según sus propias palabras, "por más que trabajaron, él se mantuvo firme e inexorable en su propósito. Nada valió. Fue rogado, mas en vano". La Asamblea concluyó por admitir la renuncia, y el 10 de marzo declaró nombrado Jefe del Estado al Coronel D. José Antonio Márquez.

Se ve en este acto de Rivera una prueba de su respeto a la ley y de su modestia. Se le llamaba a ocupar el puesto de que acababa de separarse Francisco Morazán, ungido por la gloria en la campaña librada en favor de las libertades y las instituciones de Centroamérica, y ese llamamiento pudo halagar su vanidad. Sin embargo, no hubo manera de vencer su resistencia. El artículo 81 de la Constitución de 1825 decía: "La duración de los Jefes Políticos Intendentes, será la de cuatro años, pudiendo continuar y ser promovidos a otro destino, justificada que sea su solvencia y buen desempeño". Este precepto no había de ser letra muerta y Rivera no quiso pasar sobre él. ¡Hermoso rasgo que hace honor a los primeros tiempos de la República en la América Central!

Rivera permaneció en su puesto de Jefe Político Intendente de Choluteca hasta el 12 de marzo del mismo año, y sus cuentas obtuvieron más tarde aprobación cumplida.

CAPÍTULO IV: RIVERA, DIPUTADO CONSTITUYENTE

SUMARIO: Convocatoria a una Asamblea Constituyente para reformar la Constitución de 1825. —Rivera electo Diputado a ella por Olancho. —Carta de Rivera sobre las elecciones practicadas en Choluteca. —Juntas preparatorias de la Asamblea. —Instalación de la misma. —Rivera es nombrado en unión de los Diputados Valenzuela, Reyes y Lindo para redactar el proyecto de reformas. —Rivera, Secretario de la comisión del proyecto. —Lindo redacta éste por encargo de la comisión, la que aceptándolo con modificaciones lo presentó a la Asamblea. —El 2 de diciembre comienzan las discusiones del proyecto. —Sucesos de Omoa: actitud de la Asamblea. —Un impreso insultante. —Proposición de Rivera sobre la manera de sancionar la Constitución. —Nota del faccioso Vicente Domínguez a la Asamblea: enérgico acuerdo que ésta toma con vista de ella. —Ley reglamentaria de elecciones. —El Jefe del Estado se presenta a la Asamblea a tratar de la cooperación pedida a Honduras por el Gobierno Federal para sofocar la revolución de Omoa. —El Fiscal de la Corte. —La Asamblea termina el 6 de enero de 1832 las discusiones del proyecto de Constitución y acuerda reunirse el día siguiente para darle lectura: esta reunión no se efectúa; la Constitución queda sin expedirse.

1831 a 1832

Después de haber cesado Rivera en sus funciones de Jefe Intendente, vino a Tegucigalpa el 14 de julio, y en esta ciudad se hallaba cuando se practicaron las elecciones de Diputados a la Asamblea Constituyente del Estado convocada por Decreto de 9 de abril del mismo año por la Asamblea Ordinaria, para que se reuniera en Comayagua el 1° de agosto.

La convocatoria se había hecho para que, en el todo o en parte, se reformara la Constitución de 1825, en cuanto condujera al gobierno y administración interior del Estado, conforme a sus circunstancias. En el Decreto de convocatoria se consideraba:

1° Que a la Constitución de 1825 se le habían encontrado, en la práctica, defectos de gravedad en varios de sus artículos ya por estar unos en oposición con los de la Federal, ya porque otros eran impracticables en el gobierno y régimen interior por estar en incompatibilidad con sus circunstancias.

2° Que por esta razón las Legislaturas anteriores se habían visto en la necesidad de dictar algunas leyes en oposición a artículos constitucionales, porque de otro modo no se hubieran podido organizar algunos de los Supremos Poderes para arreglar el orden actual.

3° Que aunque tales leyes fueran hijas de la necesidad, no por ello dejaban de ser infracciones notables y escandalosas que podían servir de ejemplo para otras que, sin las circunstancias de ser necesarias, atacaran la Constitución, haciendo reformas de reformas, de suerte que el Estado no fuera regido por una Ley fundamental sino por la voluntad de sus representantes; y

4° Que en tales circunstancias era llegado el caso que preveía el artículo 96 de la Constitución, cuya interpretación había consultado el Consejo para que pudiera ser reformada, pues eran pasados cuatro años de hallarse en práctica.

Se consideraba, además, que no expresando dicho artículo la autoridad que debía hacer la reforma, no podían hacer ésta las Legislaturas ordinarias sin atentar a lo dispuesto en la Constitución, de lo que resultaría un ataque a la soberanía del pueblo, y era el pueblo por consiguiente el único a quien, por medio de sus representantes, correspondía dictar los principios constitucionales.

El Consejo Representativo, en 26 de abril, negó la sanción al decreto de convocatoria, y lo devolvió a la Asamblea. Esta el 29 lo declaró sancionado y de nuevo lo envió al Consejo, quien entonces lo pasó al Poder Ejecutivo. El Jefe Márquez le puso el "Ejecútese" el 4 de mayo. Las elecciones de representantes se practicaron oportunamente en todos los Departamentos, y D. Joaquín Rivera resultó electo por el de Olancho.

La elección practicada en Choluteca recayó en el Presbítero D. José Trinidad Reyes, y fue objeto de una carta reservada que Rivera dirigió de Tegucigalpa el 22 de agosto a su amigo D. Jerónimo Pérez, Alcalde 1° de Texíguat. En ella le decía:

"No contesté a su estimada del 3 del corriente, por enfermo; pero ahora lo hago, diciendo que las cosas no van buenas porque los serviles[5] en todo van ganando terreno, y la culpa la tienen algunos liberales que se unen con ellos por cosas particulares, con perjuicio general, como lo habrá advertido Ud. en la elección que se acaba de hacer de Choluteca, pues me han asegurado que los primeros electores fueron todos de Texíguat, y que el Padre Ordóñez se opuso con algunos en Choluteca, y que se acaloraron tanto que los texíguats, orocuinas y morolicas se vinieron sin votar; de modo que si es así, la elección de Diputados que se ha hecho es nula.

Ya se irá Ud. desengañando de que cuanto le he dicho de las maldades de Ordóñez y algunos de Choluteca son verdades, y que no se trata más que de ver con desprecio a los indios. Dicen que sólo el ciudadano Justo Herrera estuvo en favor de los texíguats y orocuinas. Si yo hubiera sido elector o fuera individuo de alguna de las Municipalidades de los pueblos que se vinieron sin votar, daría un manifiesto al público sobre la elección de Diputados que se ha hecho en Choluteca, que es nula, y sobre la conducta del Padre Ordóñez y de algunos que, con la capa de liberales, obran como él y quieren ver con desprecio a los indios. Mientras esta clase no defienda sus derechos no ha de haber libertad, porque siempre procurarán tenerlos en la ignorancia, y yo, que pertenezco a ellos, he de procurar defenderlos; pero es preciso que todos trabajemos juntos, que seamos unidos, que seamos reservados, que nos defendamos de unos a otros y que no perdamos tiempo, y que hagamos el ánimo de perecer antes que ser esclavos. Si es cierto lo que se dice del modo que se ha hecho la elección, Texíguat se ha quedado sin representante, y debe renovarse la elección, porque es nula. Yo, aunque voy a la Asamblea Constituyente como Diputado por Olancho, he de trabajar en favor de Texíguat y Orocuina y San Marcos; siempre es necesario que se mude la elección para que esté ese voto más en favor de los indios, pues Ud. sabe muy bien que el Padre Reyes ni ha jurado la Independencia ni la Constitución y que fue uno de los partidarios del Obispo de León.

Es necesario que esa Municipalidad ocurra a la Asamblea, manifestando que es nula la elección, porque ni Orocuina ni Morolica

---

[5] Desde julio de 1823, se habían dividido los partidos, llamándose a los moderados, serviles, y a los exaltados que se clasificaron como liberales, fiebres. Los serviles a que se refiere aquí Rivera son los vencidos en 1829.

ni Texíguat han tenido parte en ella por los manejos del Padre Ordóñez y los que le acompañan; y aún si a Ud. le parece haremos el manifiesto que le digo, y lo firmará la Municipalidad también. Es necesario trabajar mucho, porque si no, nos amuelan, pues el Arzobispo, desde La Habana, trabaja bastante. No puedo darle noticia de todo lo que hay, porque es mucho y no hay tiempo.

Si se determina hacer la representación a la Asamblea y el manifiesto, avísemelo con Tiburcio Hernández, que yo pagaré el correo y la imprenta; pero debe ser pronto. Bien les dije yo que no adelantaban nada con el Gobierno sobre el reclamo que hicieron. La Asamblea pasada todo lo echó a perder, y sólo trabajó en favor del servilismo.

El Cura de Danlí es Provisor nombrado mientras vuelve Irías. Qué le parece a Ud.? Bien claro está que nos dicen vienen a destruir a los indios.

Escríbame pronto, pronto, pues tengo que irme a Comaya-gua. Cuénteme bien cómo ha estado la elección de Choluteca, y acuérdese que cuanto le dije ahora que estuve, está saliendo verdad?".

Esta carta fue escrita por Rivera bajo una fuerte impresión, y acaso a ello y al carácter reservado que le dio, se debe que se le hayan deslizado dos palabras que en otras circunstancias no se le hubieran escapado. Pero hay en ella un concepto en que insistió en ocasiones graves, que parece una figura retórica destinada a producir efecto entre los que se dejan deslumbrar por ellos, y que no es sino el asomo de un pensamiento de que estaba él poseído o algo así como la visión de su destino. Dice: "Perecer antes que ser esclavos", como si entendiera que con la muerte había que sellar la firmeza y sinceridad de sus convicciones.

La Junta Departamental de Choluteca, había declarado electo Diputado por aquel Departamento al Presbítero D. José Trinidad Reyes; pero en nueva elección practicada el 31 de julio, declaró electo al Presbítero D. Hipólito Flores, en lugar de aquél. Rivera no conocía este dato al escribir su carta. Las comunicaciones entonces no tenían la facilidad y rapidez que tienen ahora. Pero esta elección estaba viciada de nulidad y habría de ser reclamada.

La Asamblea Constituyente no pudo instalarse el 1° de agosto. El 28 de septiembre se reunieron en junta preparatoria los Diputados Miguel Bustamante por Cantarranas, Miguel Robelo por Nacaome, José Rosa Izaguirre por Gracias, Zenón Ugarte por Tegucigalpa y

Joaquín Rivera por Olancho. Este había llegado a Comayagua desde el 20. Fueron nombrados Presidente, Vicepresidente y Secretarios, por su orden, Bustamante, Robelo, Rivera y Ugarte; y se acordó que el 5 sería la junta preparatoria para la instalación si lo permitía la enfermedad de Ugarte y de Izaguirre. No tuvo efecto este Acuerdo.

En la junta del 7 se leyó el dictamen de la Comisión general, sobre que se aprobase la credencial del Padre Reyes, electo Diputado por Santa Bárbara, y quedó aprobada en virtud de haber asegurado el mismo Padre que podía justificar haber jurado la Independencia. Se acordó, además, que la representación de Texíguat sobre nulidad de la elección del Diputado por Choluteca se retuviera mientras aparecían los datos pedidos por el Consejo para que resolviera la Asamblea.

El 10 de octubre se efectuó la instalación con asistencia de los Diputados Miguel Bustamante por Cantarranas, Joaquín Rivera por Olancho, Juan Lindo por Los Llanos, Joaquín Aguiluz por Trujillo, José Calixto Valenzuela por Comayagua, Presbítero José Trinidad Reyes por Santa Bárbara, Miguel Robelo por Nacaome y Zenón Ugarte por Tegucigalpa. La Directiva quedó constituida así: Presidente, Bustamante; Vicepresidente, Robelo; 1.er Secretario, Rivera; 2.º Secretario, Lindo. Se procedió al juramento, y se hizo así: ¿Juráis guardar y hacer guardar la Constitución Federal de la República, dada en Guatemala a 22 de noviembre de 1824? ¿Juráis desempeñar bien y fielmente el encargo que los pueblos os han confiado, procurando dar al Estado una Constitución que perpetúe su soberanía e independencia y afirme de un modo estable y duradero los derechos de los hondureños sobre los principios inalterables de Libertad, Igualdad, Seguridad y Propiedad? Contestaron: "Sí juramos"; y de dos en dos pasaron a tocar el Evangelio.

En la sesión del 12 fueron nombrados para redactar el proyecto de Constitución los Diputados Valenzuela, Reyes, Lindo y Rivera, quienes deberían presentar el plan de reforma en dos meses a más tardar, y convocar al concluir su trabajo.

La Comisión nombrada celebró su primera sesión el 14 de octubre. En ella nombró Presidente al Presbítero Reyes y Secretario a Rivera. Fue comisionado Valenzuela para reunir los datos estadísticos; se acordó pedir el presupuesto de ingresos y gastos, y se dispuso invitar al Consejo, al Ejecutivo y a la Corte Superior de Justicia para que cooperasen con sus luces a la formación del proyecto de Constitución, ya fuera por escrito ya de palabra, nombrando en este último caso un individuo de su seno, que compareciese en la sala de sesiones de la Asamblea los jueves de cada semana a las cuatro de la tarde para manifestar cuáles eran los que podían sustituirse con mejora.

En la sesión del 15 se tomaron en consideración los cuatro artículos que comprende el capítulo primero de la Constitución del Estado, y quedó pendiente su discusión. En la del 17 se acordó que el Diputado Lindo formara el proyecto de Constitución, el que presentaría a la Comisión en el término de ocho días para que se discutiera. Se acordó también que los dos escribientes formaran un índice de todos los decretos y órdenes de las Legislaturas anteriores hasta la última, con expresión de sus fechas y resoluciones. Se celebró sesión en los días 18, 26 y 27 de octubre; y en la del 2 de noviembre comenzaron las discusiones del proyecto de Constitución, las que continuaron en los días siguientes hasta el 24, habiéndose efectuado en 18 sesiones. El proyecto de Lindo fue aprobado por la Comisión en su mayor parte, y se acordó que se presentaría a la Asamblea el 28 de noviembre.

Rivera disintió del proyecto en los puntos siguientes:

El artículo 6.º decía: "La religión del Estado es la Católica, Apostólica, Romana, con exclusión del ejercicio público de cualquiera otra. Defenderla y sostenerla es un deber del Estado". Rivera expuso que debía suprimirse la última parte del artículo.

En el artículo 39 los Diputados Lindo y Valenzuela indicaron que se conservase el artículo 24 de la Constitución de 1825 con el agregado de que a Comayagua se le diese el nombre de capital. Rivera y Reyes opinaron que no se denominase lugar alguno para capital.

No se hicieron constar en las actas los puntos en que Rivera estuvo de acuerdo con la mayoría para reformar el proyecto.

En la sesión del 18 de noviembre se dio cuenta con una nota del Ministerio, a la que acompañaba nueve ejemplares del Decreto del Congreso Federal, del 7 de julio, en que se declaraba perpetua la expatriación del Padre Arzobispo de Guatemala Dr. D. Fray Ramón Casasús y Torres; y se acordó contestar de recibo. Y en la del 19 se acordó llamar a los Diputados de Yoro y Choluteca y al suplente de Gracias, este último por estar inhabilitado para asistir, el Diputado Izaguirre, por enfermedad. Ya antes se había ordenado que se les llamara y la orden no había dado resultado.

La Asamblea se reunió el 28 de noviembre, y se dio lectura a la nota del Ministro General, en que daba cuenta con la credencial del Diputado Hipólito Flores, electo por Choluteca en lugar del Presbítero Reyes. Con ella acompañó la renuncia de Flores de aquel destino. La Comisión respectiva fue de parecer que se aprobara la credencial de Flores. Los Diputados Ugarte, Aguiluz y Rivera manifestaron que siendo nula la Junta Departamental que había nombrado a Flores, debía serlo su nombramiento. Se trajeron a la vista las representaciones de la Municipalidad de Texíguat dirigidas al Consejo y cuatro certificaciones que el Diputado Rivera presentó, de otras tantas Municipalidades de aquel Departamento que acreditaban lo que exponía la de Texíguat, y el mérito de estos documentos y del informe que remitió el Jefe Intendente de Choluteca; se declaró la nulidad de la elección practicada, por ser inconstitucional y se acordó que se practicara de nuevo, conforme a la Constitución Federal.

En la sesión del 28 se leyó el proyecto de reforma que presentó la Comisión con el correspondiente dictamen. Se acordó que la discusión se abriría el 2 de diciembre.

El proyecto constaba de un preámbulo y veinte capítulos, desarrollados en 116 artículos. He aquí la materia de los capítulos: I Del territorio y habitantes del Estado; II De la Religión; III De las obligaciones de los hondureños; IV De los derechos que se reservan al pueblo hondureño; V Del Gobierno; VI De las elecciones de los Supremos Poderes del Estado; VII Del Poder Legislativo; VIII De las atribuciones de la Asamblea; IX De la formación y sanción de la Ley; X Del Consejo Representativo; XI Del Poder Ejecutivo; XII Del Poder Judicial; XIII De la administración de justicia en lo civil; XIV De lo criminal; XV Del gobierno interior de cada Departamento; XVI Del gobierno interior y policía de cada pueblo; XVII De la Hacienda Pública y su administración en lo general; XVIII De la responsabilidad de los funcionarios del Estado; XIX De la observación de la Constitución y leyes y reforma de la misma; y final: Nociones generales de los derechos del hombre y del ciudadano.

En la sesión del 2 de diciembre, la Asamblea aprobó el preámbulo del proyecto y los artículos 1.º al 5.º.

En la sesión del 3 recibió una nota del Ministerio, en que se le daba cuenta de los sucesos de Omoa: el 21 de noviembre Ramón Guzmán había tomado el castillo de aquel puerto.

Era este movimiento parte de la gran conspiración que el partido servil preparó contra los liberales. El ex-Presidente Arce invadiría, viniendo de México, por Soconusco, teniendo en su apoyo en El Salvador al Jefe del Estado D. José María Cornejo y en Guatemala los esfuerzos del clero. El Coronel Domínguez expeditionaría sobre Honduras, se apoderaría de Trujillo y penetraría hasta Comayagua. Guzmán, que había tomado Omoa, formaba parte de su expedición. La Asamblea, en vista de la noticia, acordó que el Consejo proporcionara recursos al Gobierno y declaró que ella no descansaría tomando medidas para contener el mal que amenazaba a los pueblos, y excitó al Gobierno a intimar a los facciosos de Omoa que la Asamblea Constituyente había visto con el mayor desagrado el crimen que habían cometido.

Y luego continuó su labor, leyéndose los dictámenes en que el Consejo hacía observaciones al proyecto de Constitución.

En las sesiones habidas hasta el 15 de diciembre se discutieron 60 artículos, de los que la mayor parte fueron aprobados, siendo reformados los restantes. En la sesión de este día se acordó que en el artículo 53 se colocasen el 77, el 82 y el 84 de la Constitución Federal como muy necesarios a las facultades del Consejo, y que en lugar del artículo 60 se colocase el 193 de la Constitución del Estado de Guatemala.

En la sesión del 17, se leyó una proposición del Diputado Lindo para que el Gobierno mandase proceder contra el autor de un papel intitulado El Rayo, por considerarse dicho papel insultante a la soberanía. Oído el dictamen de una comisión, se acordó por mayoría de votos, de conformidad con la proposición. En la Biografía de D. Juan Lindo, páginas 49 y 50, se relata in extenso este incidente.

En seguida el Diputado Aguiluz hizo proposición de palabra para que se declarase si la presente Constitución recibiría o no la sanción del Consejo, porque de esta resolución pendía la deserción de tres Diputados; y con motivo de haber manifestado el ciudadano Presidente estar atacado de una gran fluxión al ojo y que no podía continuar en el asiento, se acordó levantar la sesión por no quedar número.

En la sesión del 19 se eligió nueva Directiva, quedando de Presidente el Diputado Aguiluz, de Vicepresidente el Diputado Rivera, y de segundo Secretario el Diputado Ugarte.

Luego se leyó una proposición del Diputado Rivera, relativa a que se declarase en la misma sesión el modo con que debía ser sancionada la Constitución. Pasó a una comisión especial.

En la sesión del 21 se dio cuenta de la nota que se atrevió a dirigir a tan respetable Cuerpo el que se llamaba Comandante de la Costa Norte, Vicente Domínguez, fechada el 8 en el puerto de Omoa, en la que comunicaba que el vecindario y tropa de aquella plaza, se habían pronunciado por el General Manuel José Arce contra el Gobierno Federal de la República y se habían puesto bajo de sus órdenes, y manifestaba que no deseando obrar por sí solo o discrecionalmente, esperaba órdenes de la Asamblea Constituyente, con las cuales se le autorizara para obrar militarmente en el Estado, según lo exigiera el bien público. Acompañaba con dicha nota un manifiesto que había dirigido a los pueblos de la República.

La Asamblea Constituyente se enteró con indignación de la expresada nota y manifiesto, y contestó sus conceptos enérgicamente y por unanimidad acordó que se remitieran al Ejecutivo la citada nota del llamado Comandante Vicente Domínguez y Manifiesto que acompañó, y que el Gobierno que ya había dictado medidas para poner en perfecta seguridad al Estado, las llevara adelante y que se mandara imprimir este acuerdo para que los pueblos del Estado se persuadieran de que debían esperar tranquilos la nueva Constitución, en la que iban a verse asegurados sus derechos, equilibrados los Poderes Supremos, asegurados los caudales públicos y puestas barreras inaccesibles para que no fuera violada la Constitución.[6]

En la sesión del 22 de diciembre, se leyó el dictamen que, sobre la proposición hecha por el Diputado Rivera respecto a la sanción, dio cada uno de los Diputados Bustamante y Ugarte, quienes formaban la comisión especial y no pudieron ponerse de acuerdo: Bustamante fue de parecer que se hiciera como se sancionó la Constitución Federal; y Ugarte que el Consejo debía dar la sanción. Abierta la discusión se hicieron diferentes observaciones sobre la plenitud de facultades con que se hallaba revestida la Asamblea Constituyente y se hicieron otras por el contrario, sujetándola a la Constitución del mismo Estado para que diera la sanción el Consejo. Suficientemente discutido el negocio, se acordó consultar al Congreso Federal, y en su receso al Senado para que declarase si la Asamblea Constituyente podía sancionar la

---

[6] Para más detalles véase Biografía de D. Juan Lindo, páginas 50 a 52.

Constitución. Al efecto se acompañaría testimonio de la ley por la cual fue convocada, de los dictámenes de la Comisión y del preámbulo de la Constitución, expresando en la consulta que estaba ya aprobado el capítulo que daba la sanción lo mismo que sesenta artículos del proyecto. A proposición del Diputado Lindo, se acordó también dar conocimiento del asunto a las Asambleas de los Estados por la relación que tenía la resolución del Congreso Federal con la soberanía de todos ellos. Entretanto continuarían las sesiones.

Dio cuenta la Comisión de Constitución con el artículo que debía ponerse para determinar las demandas civiles de los individuos de los Supremos Poderes, y se acordó que en su lugar se pusiese: "por una ley particular en que se determinarán la autoridad, modo y forma de tales juicios".

En la sesión del 23 se dio cuenta por la Comisión de Constitución con la Ley reglamentaria de elecciones de 2 de septiembre de 1830, la cual fue ratificada con las pequeñas reformas siguientes: en el artículo 7° "y también el de los sufragantes para hacer con ellos las enumeraciones de los votos"; en el 13, "uno más de la mitad"; en el 14 y el 23, que se usara de la voz "agentes"; el 26 le siguiera otro que expresara que las Municipalidades debían elegir los que tuvieran el mayor número de votos en sus elecciones. También se leyeron los tres capítulos de adición a dicha ley para las elecciones de Consejeros, Ministros y Jueces de instancia: se acordó que se diese cuenta con las adiciones cuando fuesen aprobados todos los artículos del proyecto a que hacen referencia.

El Jefe del Estado, señor Márquez, se presentó en la sesión a comunicar en persona a la Asamblea una nota del Jefe Supremo Federal, relativa a la cooperación que pedía a Honduras para sofocar la revolución de Omoa. El señor Márquez manifestó las medidas que tenía tomadas al objeto y la fuerza y recursos con que contaba el Gobierno. Manifestó también una proclama del Jefe Supremo del Estado de El Salvador. El Presidente expresó al Ejecutivo el aprecio con que la Asamblea miraba su interés en imponerle del estado interesante en que se hallaba la República, como también su acierto y actividad en todas las medidas que había tomado; y finalmente, que se oyó con placer el Manifiesto del Jefe Supremo de San Salvador.

En la sesión del 28 se aprobaron los artículos 61 al 64 del proyecto, haciéndose la reforma del 105 por su relación con la atribución 3ª del Ministro del Supremo Gobierno, en estos términos:

"en cuyo caso la misma Asamblea deberá suspender su publicación, dejando a la subsecuente el examen de la ley con arreglo al artículo anterior". Los Diputados Reyes y Lindo salvaron su voto en la expresada reforma y opinaron de conformidad con el artículo.

En la sesión del 30 se aprobaron los artículos 68 al 71 y 73 al 75, y se acordó que se pusiese por artículo que "la 2ª Sala debe componerse de un Ministro de los cuatro que han de nombrarse y dos conjueces nombrados uno por cada parte". Se acordó también que se pusiese el artículo 51 de la antigua Constitución con la variación de señalar 25 años para ser Ministro, y que pasados cinco años debían ser aprobados en el Derecho Público, del modo que la ley lo arreglara. Asimismo, se acordó que se pusiese el artículo 56 de la expresada Constitución, y que se redactase el 72 expresando la elección de los conjueces para formar el Juzgado de 2ª instancia. El Diputado Lindo salvó su voto en el artículo 51, protestando quedar sin Poder Judicial el Estado hasta tanto que, pasados cinco años, deban saber las leyes los Ministros que con arreglo a él deben sentenciar, y pidió testimonio de su protesta.

En la sesión del 31, se leyó el dictamen de la Comisión sobre la renuncia que había enviado el Presbítero D. Francisco Antonio Márquez del cargo de Diputado por Yoro; y se acordó, de conformidad con él, no admitirla y llamar al señor Márquez a ocupar su puesto.

Se aprobó la redacción del artículo 72, declarando componerse el Juzgado de 1ª Instancia de un Juez y dos conjueces que debían concurrir a sentenciar. Se aprobaron los artículos 76 al 82 y 84 a 87, y se acordó que en seguida del 77 se pusiese por artículo: "Una ley arreglará el modo y forma de conocer en las demandas civiles que ocurran contra los individuos en ejercicio de los Supremos Poderes del Estado". El 83 volvió a la Comisión para que lo redactase en términos más claros. El 88 debería expresar que los Departamentos se dividían en las siguientes secciones: "para lo político y de hacienda; Choluteca con los pueblos que componían su antiguo Departamento, con inclusión de Texíguat; Santa Bárbara con todos los pueblos de su demarcación departamental, y Yoro del mismo modo".

En la sesión del 2 de enero de 1832 se aprobó la redacción del artículo 88 en estos términos: "habrá para lo político y de hacienda un Jefe en cada Sección nombrado por el Gobierno a propuesta del respectivo Jefe Departamental, que servirá bajo las órdenes de éste. Sus atribuciones, dotación y fianza serán arregladas por una Ley". Salvaron sus votos en este artículo los Diputados Rivera y Aguiluz. Se aprobó la reforma del 83, de quedar en cuanto a la prueba del denunciante del mismo modo que el acusador cuando se persiga al que se suponga reo. Se aprobaron también los artículos 89 al 99; a este artículo se mandó poner en seguida otro, señalando un Tesorero y un Contador. Se aprobó el artículo 101, y el 102 volvió a la Comisión para que propusiera sobre el Tribunal de Cuentas que debía crearse. Se aprobaron los artículos 103 al 106 con la reforma expresada en la sesión del 28 de diciembre. Se aprobaron igualmente el artículo 107 y siguientes hasta el 116. Finalmente, se aprobó el último tratando de los Derechos del Hombre y del Ciudadano. Y se acordó, además, que la Asamblea no se disolviera hasta dar las principales leyes reglamentarias.

En la sesión del 4 de enero se dio cuenta por la Comisión de Constitución con el artículo relativo a la creación de un Tribunal de Cuentas. Propuso que fuera formado por el Fiscal de la Corte Suprema de Justicia, por un Diputado de la Comisión permanente y por un Consejero, uno y otro de éstos elegido por sus respectivos cuerpos: una ley arreglaría el modo de reunirse y señalaría sus atribuciones. Fue aprobado este artículo, salvando su voto el Diputado Rivera.

Se leyó la representación del Fiscal de la Corte, Lic. Francisco Güell, en que solicitaba se declarase si entraba a ser renovado por la suerte en su cargo, y se acordó que debía continuar en él, de conformidad con el artículo 108 de la Constitución, pues el número que iba a reducirse era el de los Ministros; al tomar este acuerdo se tomaron en consideración las virtudes y buen desempeño de aquel funcionario y la inopia de letrados en el Estado.

Se leyeron la nota del Secretario del Consejo y la proclama con que la acompañó, y se acordó manifestarle el aprecio con que la soberanía del Estado había visto el rasgo de patriotismo y celo del Consejo Directivo en la expresada proclama.

Luego se puso a discusión si la Asamblea debía ponerse en receso hasta que viniera la resolución de la consulta dirigida al Senado sobre el modo de sancionar la Constitución; y habiéndose suspendido aquella, por ser dadas las doce del día, se continuó en la sesión del 5 de enero, en la que el Diputado Lindo leyó su voto particular y pidió votación nominal, como se practicó, para publicar de esta suerte el acuerdo por la prensa. Después de una gran discusión, repitiendo el Diputado Aguiluz que dejaría su asiento si en cualquier tiempo se procedía a resolver sobre la sanción de la Constitución sin esperar la resolución del Senado, se acordó quedasen suspensas las sesiones hasta que viniera la resolución expresada, y si no viniese por el correo mensual del 15 de dicho mes, se reclamaría con un propio. Votaron por el acuerdo los Diputados señores Zenón Ugarte, Joaquín Rivera, Miguel Bustamante, Calixto Valenzuela, y José Trinidad Reyes. Los Diputados Joaquín Aguiluz y Juan Lindo protestaron el acuerdo.

Se acordó también que el sábado 7 de enero se reuniera la Asamblea para leer la Constitución y que los Diputados que du-rante las sesiones se ausentaran con permiso del Presidente no gozasen de dietas. El Presidente Aguiluz y el Diputado Valen-zuela manifestaron que ellos cedían sus dietas en beneficio de la Hacienda Pública desde que se suspendieran las sesiones hasta que volvieran a abrirse.

Consta que el Diputado Rivera permaneció en Comayagua hasta el 18 de febrero y que vino en el mismo mes la resolución que se esperaba del Senado; pero la Asamblea Constituyente no volvió a reunirse, y así quedó sin expedirse la Constitución ela-borada. Los sucesos políticos habían de impedirlo.

Es de observar de paso que son extrañas las discusiones re-lativas a la sanción, ante los escasos datos consignados en las ac-tas. No he podido hallar la proposición escrita de Rivera ni el documento que contiene la resolución del Senado; pero la cuestión era muy sencilla. La Constituyente, al aprobar el preámbulo, en el que estaba comprendida la sanción por ella misma, reconoció,como era lógico, que era a ella a quien correspondía darla y no a otra autoridad. El Consejo no tenía atribución alguna al res-pecto, pues había sido creado por la Constitución de 1825, que iba a ser derogada por la nueva. Y el ejemplo dado por la Cons-titución Federal de 1824 dejando la sanción al primer Congreso ordinario no era de seguirse porque desnaturalizaba las funciones de éste último Cuerpo que era creación de aquélla y por lo tanto no podía participar de atribuciones de Constituyente.

CAPÍTULO V: SERVICIOS DE RIVERA DURANTE LA REVOLUCIÓN

SUMARIO: Reformas principales que contenía el proyecto de Constitución. —Morazán, obligado a salir del territorio de El Salvador. —Domínguez en Trujillo. —Arce derrotado en Escuintla de Soconusco. —Rivera, Jefe Intendente de Tegucigalpa, en sustitución de Ferrera, quien sale para Trujillo al mando de la expedición contra Domínguez. —Este es derrotado en Tercales, y de Trujillo pasa a Omoa, y luego al interior. —Victorias de Morazán en Jocoro y San Salvador. —Batalla de Jaitique: Muerte de Gutiérrez. —Muerte de Márquez, Jefe del Estado. —El Consejero Jefe D. Francisco Milla deja Comayagua y se sitúa en Támara. —Ferrera recobra a Trujillo, después del combate de La Ofrecedera. —Domínguez, que había entrado a Comayagua, se retira a Opoteca, al tomar la ofensiva contra él las fuerzas del Gobierno. — Acciones del Espino y de Opoteca. —Domínguez capturado. —Los soldados de Domínguez, creyendo dar muerte a Rivera, matan a un dependiente de éste. —El castillo de Omoa recobrado: fusilamiento de Ramón Guzmán en Omoa y de Domínguez en Comayagua. —Elecciones de autoridades supremas del Estado. —Reúnese la Asamblea: Rivera, Diputado por Yoro, Presidente de ella. —Se declara electos Jefe a D. Joaquín Rivera y Vice-Jefe a D. Francisco Ferrera; actas de la Asamblea, relativas a las elecciones. —Rivera toma posesión de la Jefatura del Estado.

1832 a 1833

La Constitución que la Asamblea dejó sin firmar contiene importantes reformas.

Explica el concepto de la soberanía declarando que reside en todo el Estado, y que cada pueblo la ejerce cuando elige sus autoridades y las federales con arreglo a la ley, y los particulares cuando cada uno pone en uso los derechos que se reserva para su seguridad y felicidad. Atentaría contra la soberanía del pueblo, sería injusta y no sería ley toda disposición que violara los derechos en la Constitución declarados.

Las elecciones de los Supremos Poderes del Estado se harían directamente por el pueblo.

Los Diputados a la Asamblea Legislativa serían inviolables por sus opiniones emitidas de palabra o por escrito en el ejercicio de su cargo: no podrían ser reconvenidos por ellas en ningún tiempo ni por autoridad alguna, excepto cuando sufragaran en favor de una ley o decreto que atacara directamente algún artículo de esta Constitución o de la Federal.

La Asamblea permanecería reunida por noventa sesiones. En los últimos quince días se dedicarían al examen de la planta de la Secretaría y a arreglar y formar un cuerpo de las leyes y decretos que hubiese emitido y certificarse en ese tiempo que se habían publicado y mandado ejecutar, procediendo en caso contrario con arreglo a la Constitución antes de disolverse.

Habría una Comisión Permanente con las facultades y en la forma que designara la ley.

La Asamblea tendría, entre otras atribuciones, la de aprobar el presupuesto de gastos que se presentara cada año y los que se hubieran hecho en el anterior, y la de reclamar las leyes federales que perjudicaran al Estado o no fueran conformes a su soberanía e independencia.

Para ser Consejero bastaría la edad de veinticinco años, fuera de las condiciones para ser Diputado: no se exigía la condición de ser del estado seglar o del eclesiástico secular y de conocida adhesión al sistema constitucional que exigía la Constitución de 1825.

El Consejo se renovaría en el tiempo y modo que se renovara la Asamblea, esto es, por mitad cada año, y no por tercios como antes.

El Consejo, sin tener que oír al Jefe del Estado, resolvería las dudas que ocurrieran en el receso de la Asamblea para la ejecución de las leyes y demás resoluciones del Cuerpo Legislativo, y su determinación sería ejecutada; y aconsejaría al Jefe Supremo en los casos que fuera consultado.

El Jefe Supremo y el Vice-Jefe lo serían por cuatro años y podrían ser reelectos si quisieran admitir.

El Jefe Supremo, al cuidar del exacto cumplimiento de los funcionarios en sus respectivos cargos, no podría ingerirse directa ni indirectamente en el examen de las causas pendientes ni disponer en manera alguna de las personas de los reos en las criminales.

El Gobierno debería consultar al Consejo en los asuntos diplomáticos que ocurrieran con el Federal y con los demás Estados; cuando fuera a usar de las armas contra algún pueblo del Estado y cuando hubiera de formar reglamentos para la ejecución de las leyes. Cuando el Gobierno se conformara con la opinión del Consejo, en estos casos, cesaría su responsabilidad.

El Jefe del Estado daría el pase a los títulos de prelacías seculares, dignidades y beneficios en propiedad, y podría negarlo con causa justa comprobada; intervendría con su aprobación en la división de curatos; la daría igualmente en la tasación de derechos parroquiales que se formarían por el Prelado Eclesiástico, previa la de la Asamblea. Por falta de una disposición semejante en la Constitución de 1825, había sido necesario expedir la ley de 27 de marzo de 1829, de mayor alcance que lo dispuesto en la nueva Constitución.

Al Poder Judicial correspondería exclusivamente la aplicación de las leyes en las causas civiles y criminales y hacer que se ejecutara lo sentenciado. Ni la Asamblea, ni el Consejo, ni el Poder Ejecutivo podrían en ningún caso ejercer las funciones judiciales ni avocarse causas pendientes, ni ninguna autoridad abrir juicio fenecido.

Habría lugar a formación de causa contra los Diputados, Consejeros, Jefe Supremo, Ministros de la Corte y demás funcionarios públicos, por traición a la Patria, venalidad, falta grave en el desempeño de sus funciones y delitos comunes que merecieran pena más que correccional.

Cuando los Diputados dieran una ley, orden o decreto que atacara directamente algún artículo de esta Constitución o de la Federal, serían traidores a la Patria y les declararía la responsabilidad la Asamblea subsecuente, llamando a los suplentes de la mitad que quedara, para que al ver la causa no interviniera ninguno de los que cooperaron a la infracción.

En el último tratado se definían los derechos de libertad, igualdad, seguridad y propiedad, y se declaraba que todos los derechos del hombre y del ciudadano se derivan de estos dos principios: no hacer lo que uno no quiere que le hagan y hacer a todos los demás todo el bien que uno quisiera recibir. No pueden ser más hermosas sus tres últimas declaraciones, que son una preciosa enseñanza:

Ninguno es buen ciudadano, si no es buen hijo, buen padre, buen hermano, buen esposo y fiel amigo.

Ninguno es hombre de bien si religiosamente no observa las leyes; el que las viola, abiertamente se declara en guerra con sus compatriotas.

Los pueblos, al dar sus votos para los empleos que han de elegir, deben mirar que recaigan en sujetos y hombres de bien, dignos del nombre de ciudadanos.

En suma, en esta Constitución se trataba, como se advierte, de vigorizar la acción de cada uno de los Poderes del Estado y determinarles con precisión el círculo dentro del cual debían aquéllos mantenerse, guardando entre sí y con el Gobierno Federal la debida correlación, procurándose al mismo tiempo el afianzamiento de las instituciones republicanas, fortaleciendo en el ciudadano la conciencia de su misión, dándole más clara idea de sus derechos y de sus deberes. Y en tal concepto, aunque concorde esta Constitución, en lo general, con la de 1825, indudablemente constituye un paso de avance.

La revolución impidió que la Asamblea concluyera su obra.

El 6 de enero, el Jefe de El Salvador intimó al General Morazán, Presidente de Centroamérica, quien se hallaba en Santa Ana preparando sus operaciones contra el movimiento de Arce, que evacuara el Estado inmediatamente, y para que la intimación no fuera sólo una amenaza, movió fuerzas sobre él. Morazán, que no tenía tropa que oponer al Jefe insurrecto, se retiró. El 7 del mismo se decretó que el Estado de El Salvador se sustraía del pacto federal. El 15 reunióse el Congreso Federal en Guatemala en sesiones extraordinarias. Este Congreso autorizó al Ejecutivo para dictar todas las disposiciones que exigiera la salvación de la Ley Fundamental y la repulsa de los invasores. Nicaragua y Costa Rica ofrecieron los auxilios necesarios. La actitud de Honduras se ha visto ya en el capítulo precedente.

El 26 de enero el Coronel Domínguez se apoderó del puerto de Trujillo e hizo que los vecinos se pronunciaran contra el Gobierno de Honduras. Domínguez se adelantó hacia el interior. Al tener noticia de este suceso, el Jefe del Estado, señor Márquez, recibió una carta del Coronel D. Francisco Ferrera, Jefe Intendente de Tegucigalpa, quien le suplicaba enviar a D. Joaquín Rivera a ocupar su puesto y que lo nombrase para ir con la expedición que se preparaba contra Domínguez. Habló Márquez a Rivera sobre si aceptaba la Jefatura e Intendencia de Tegucigalpa; se le opuso; pero tres días de continuas instancias de algunos Diputados, de varios amigos y del Ministro D. Liberato Moncada lo decidieron a aceptar aquel cargo.

Rivera fundaba su excusa en que no quería que Ferrera fuese a Trujillo, porque recordaba su conducta anterior y temía que, al recobrar aquella plaza, lo que era probable que obtendría, cometiera excesos que desacreditaran al país. Márquez, que conocía a Ferrera mejor que Rivera, pues había bregado con él en la expedición a Olancho, oía a su amigo, temía, vacilaba y preguntaba qué haría en tan apuradas circunstancias. Consideraba que si Ferrera se sentía desairado, olvidando la causa general, se irritaría y podría hacer al Estado muchos males. Márquez al fin se decidió a enviar a Ferrera con la expedición, y Rivera salió para Tegucigalpa el 19 de febrero a sustituirlo en su puesto.

Mientras Ferrera, a fines de febrero, salía para el Norte, Arce era derrotado en Escuintla de Soconusco por fuerzas guatemaltecas al mando de los Coroneles José Martínez y Nicolás Raoul. Luego se supo que se dirigía a Trujillo para auxiliar a Domínguez.

La vanguardia de éste se aproximó a Yoro el 7 de marzo; allí le salió al encuentro Ferrera. Los invasores desaparecieron, dejando sus equipajes. El 9, la misma vanguardia atacó a Ferrera en Tercales; dos compañías de infantería y un piquete de la caballería de Yoro derrotaron a los facciosos que huyeron, dejando dos muertos. Domínguez quiso rehacerse en Olanchito, pero nadie le auxilió y tuvo que escapar en precipitada fuga para Trujillo, dejando gran cantidad de elementos de guerra y dinero. En Trujillo tuvo que pedir ropa ajena para vestirse, y luego se embarcó para Omoa, a donde llegó el 22 con su capellán y tres personas más.

Entretanto Morazán, que había tenido que dejar el territorio salvadoreño, como queda dicho, salió de Guatemala, acompañado sólo de dos ayudantes, en dirección a Honduras y Nicaragua, a levantar fuerzas. Las organizó en Choluteca y avanzó hacia El Salvador, a donde entró por el Departamento de San Miguel. El 14 de marzo atacó las tropas que Cornejo tenía en Jocoro, las derrotó y continuó la marcha para San Salvador; tomó esta plaza el 28, hizo reducir a prisión a las personas que ejercían los Supremos Poderes del Estado y reasumió en su persona el Gobierno de éste mientras se reorganizaban sus autoridades constitucionales. La revolución estaba, pues, dominada en Guatemala y El Salvador. Sólo faltaba concluir con ella en Honduras.

Domínguez pasó de Omoa a Santa Bárbara, por donde se había internado su agente Pedro González, con 300 hombres. Reunió otros

300, y con estas tropas marchó sobre el pueblo de Jaitique, en donde había una fuerza de 200 hombres del Ejército del Estado, pertenecientes a la columna Invencible que mandaba el Coronel D. José María Gutiérrez. Este fue atacado el 26 de marzo al amanecer; el enemigo, no obstante que contaba con triple fuerza, fue derrotado después de cuatro horas de combate, huyendo Domínguez hacia San José. Herido mortalmente el Coronel Gutiérrez, concluyó la acción el Coronel D. José Trinidad Cabañas. El Coronel Gutiérrez pudo dictar el parte de esta victoria, pero expiró sin haber podido firmarlo.

Honduras sufría esta dolorosa pérdida cuando acababa de tener la desgracia de perder a D. José Antonio Márquez, Jefe del Estado, quien había muerto de una fiebre maligna en Comayagua; el mismo día de esta gloriosa y cara batalla se daba sepultura a sus restos. Márquez, desde el 22, al sentirse gravemente enfermo, había depositado el poder en D. Francisco Milla, Presidente del Consejo Representativo, y se había despedido del pueblo hondureño en un patriótico Manifiesto.

A pesar de haber sido derrotado en Jaitique, Domínguez, prevalido del número de su fuerza, dirigió su marcha a Comayagua, por haberse replegado a esta ciudad la columna Invencible a reponer sus bajas. El Gobierno, que no contaba con suficientes elementos para la defensa, abandonó la plaza con todos sus dependientes y empleados públicos, y se situó en Támara, en donde desplegó la mayor actividad para reforzar el Ejército. Domínguez, a principios de abril, entró a Comayagua, la que encontró desierta, pues los habitantes abandonaron sus casas para privar al enemigo de los recursos que necesitaba.

El 28 de marzo, antes de salir Milla de Comayagua, había dictado un Decreto concediendo indulto a los habitantes de Omoa y Trujillo, con tal que, al conocerlo, depusieran las armas y prestaran obediencia a las autoridades del Estado, legítimamente constituidas. Sólo quedaban excluidos Antonio Fernández, Ramón Guzmán y los que habían comprometido a los pueblos en la revolución.

Ferrera, por su parte, dirigió el 26, de su Cuartel General en Olanchito, una nota a la Municipalidad de Trujillo, excitándola, por ser la única autoridad legítima que allí reconocía, a franquearle la entrada a la plaza sin necesidad de que hubiera de someterla por la fuerza; y luego se puso en marcha hacia el puerto.

Los facciosos contaban con algunos morenos que ocupaban Trujillo. Ferrera se presentó frente a la población el 11 de abril con la División de su mando; sólo le hizo resistencia una goleta que, para disputarle la entrada, se fijó frente al campamento donde hizo algunos tiros. Ferrera avanzó hasta el punto llamado La Ofrecedera. Allí tenían los enemigos doscientos hombres bien parapetados. Ferrera destacó dos compañías del batallón de cazadores, al mando de los capitanes León Ramírez y Fernando Martínez con el objeto de cortarlos por el interior de la montaña, dejando el resto de la tropa para llamarles la atención de frente. Una circunstancia no esperada obligó a que se rompiese el fuego antes que estuviese cortado el enemigo, lo cual dilató la acción por más de una hora. Los facciosos fueron derrotados, dejando cuanto tenían, habiendo desaparecido los corifeos de la facción. Ferrera entró a Trujillo el día siguiente, y según refiere Rivera, la conducta de aquél dio lugar a la emigración de muchos brazos y capitales.

El Consejero Jefe, entretanto, había multiplicado sus órdenes, llamando a todos los hijos del Estado a vengar el ultraje hecho a la capital. Tegucigalpa, que abundaba en los mismos sentimientos de patriotismo que su Jefe Intendente D. Joaquín Rivera, correspondió al llamamiento en el acto; Rivera designó Jefe de los voluntarios al General Remigio Díaz y volaron a rodear al Gobierno. Con igual celeridad y con el mismo entusiasmo, se prestaron los valientes del Departamento de Choluteca. Formóse con estas fuerzas y con el auxilio que, a excitativa del Gobierno, prestó el de Nicaragua, a cargo entonces de D. Dionisio de Herrera, una División de mil cien hombres, con la que pudo el Gobierno volver a tomar la ofensiva.

Dio sus órdenes al efecto, y el Ejército volvió a ocupar Comayagua, que Domínguez había evacuado una noche antes, retirándose a Opoteca. El 3 de mayo, Domínguez, con noticia de que una División del Gobierno se hallaba en el Espino, aldea distante dos leguas de Comayagua, la atacó con 200 hombres. Después de hora y media de fuego, fue derrotado dejando trece muertos y un oficial irlandés, jefe de los morenos, herido y prisionero; en esta acción tuvieron parte principal los denodados hijos del Departamento de Yoro.

Domínguez, con su ejército, quedó reducido al recinto de Opoteca. Esta es una posición casi inexpugnable, pero las fuerzas del Estado no se contuvieron, avanzaron hacia allá el 5 y, sobreponiéndose a mil obstáculos y a una obstinada resistencia, derrotaron al enemigo y lo persiguieron en todas direcciones. Multitud de muertos; muchos prisioneros; dos cañones de campaña que Domínguez había sacado de Comayagua; todo el armamento y parque fueron el fruto de esta jornada gloriosa. Domínguez huyó y, no pudiendo encontrar salida, se ocultó en una cueva; capturado en ella por denuncia de su criado, fue llevado a Comayagua.

Rivera, que dejando en depósito la Jefatura de Tegucigalpa había ido a incorporarse a las fuerzas del Gobierno, tomó parte en estas dos acciones, y refiere que sus enemigos celebraron su muerte cuando, por equivocación, los soldados de Domínguez, creyendo quitarle a él la vida, asesinaron a un dependiente suyo.

No quedaba más punto negro que el de Omoa. El 10 de agosto, los facciosos levantaron acta, en la que se declararon súbditos del Rey de España, cuyo pabellón enarbolaron solemnemente en el castillo. El 23 supo Ferrera en Trujillo que se había difundido la especie de una invasión española contra este puerto y el de Omoa, que se verificaría dentro de ocho días. Para precaver los males que pudieran causar los enemigos interiores de la Independencia, previno a la Municipalidad que, llegando el caso referido, hiciera salir en el término de setenta y dos horas a todos los españoles de todos sexos y edades, ya fuera para el exterior de la República o cincuenta leguas al interior, según el Decreto de la materia.

A principios de septiembre salieron del castillo de Omoa veinte hombres, al mando de Vicente Hoyos, con el encargo de quemar la población; fueron repelidos y murió su jefe. El mal éxito de esta empresa exasperó a los facciosos que rodeaban a Guzmán, quienes concluyeron por sublevarse contra éste; lo redujeron a prisión e izaron bandera blanca. El Coronel Agustín Guzmán, que por enfermedad de Terrelonge, mandaba en jefe entonces el ejército sitiador, oyó proposiciones de paz. En virtud de la capitulación firmada el 12, los facciosos depusieron las armas y entregaron a Ramón Guzmán. Este fue fusilado el 13, de orden del Comandante en Jefe accidental, Coronel D. Agustín Guzmán; el 14 lo fue Domínguez en Comayagua[7]. Así concluyó la gran revolución con que el ex-Presidente Arce había pretendido recobrar el poder de Centroamérica.

---

[7] Domínguez había escrito desde la prisión una carta al Gobierno que lo condenaba, protestando que había tenido participación en lo hecho a favor de España.

El Consejero Jefe trató de reunir la Asamblea; pero no habiendo sido posible esto, Milla hizo ver al Consejo que era inminente otra revolución si no se procedía a elecciones, y de conformidad con el voto de aquel Cuerpo, expidió un Decreto en que convocaba a elecciones de Jefe y de Vice-Jefe del Estado y demás autoridades supremas.

Las elecciones se practicaron oportunamente. Ferrera aspiraba a la Jefatura, pero en vez de inspirar simpatías inspiraba temores. Las simpatías estaban a favor de Rivera, a quien de todos los puntos del Estado y de varios de fuera de él dirigían invitaciones para que aceptara aquel cargo. Decía Rivera en 1844 que aún conservaba una multitud de cartas dirigidas a persuadirlo en tal sentido; que hasta sus enemigos se prosternaron con sus súplicas; y que varias personas le protestaron que, en el caso de que no admitiese, huirían fuera del Estado; y añade: "¡Tanto era el pavor que había engendrado el tenebroso Ferrera!"

La Asamblea Ordinaria se instaló en Comayagua el 7 de diciembre con los siguientes Diputados: Joaquín Rivera por Yoro, Zenón Ugarte por Cantarranas, Joaquín Aguiluz por Comayagua, Presbítero José Ignacio Milla por Trujillo, Mónico Bueso por Gracias, Presbítero José Antonio Rojas, suplente por Los Llanos, Casto J. Alvarado por Olancho y Felipe Bustillo por Tegucigalpa. La Directiva quedó organizada así: Presidente, Rivera; Vicepresidente, Milla; Secretario 1.º, Bustillo; y Secretario 2.º, Ugarte.

Esta Asamblea, por Decreto de 31 del mismo, declaró electos Jefe y Vice-Jefe del Estado a D. Joaquín Rivera y a D. Francisco Ferrera, por su orden.

D. José Antonio Vijil, en sus Memorias, refiere que, según se decía, en las elecciones Ferrera había resultado electo popularmente primer Jefe y Rivera segundo, y que la Asamblea cambió la elección dando a Rivera el primer puesto. Rivera escribió esto: "El Vice-Jefe creyó que a él y no a mí correspondía la Jefatura del Estado; se persuadió que dándomela se le hacía un agravio. No bastó para evitar su odiosidad y celos contra mí que en la primera vez que tuve el honor de ser elegido, hiciese los mayores esfuerzos para eximirme del mando, hasta lograrlo. No bastó el que la segunda vez hubiese repetido con instancias mi renuncia. No es culpa mía si me he hallado en el alto lugar que no merezco. Jamás he solicitado un voto ni mendigado sufragios."[8]

Y más tarde, recordando su actitud en la primera elección, escribía: "¡Ojalá hubiera manifestado igual firmeza en la segunda elección que se verificó en principios de 833! Ferrera hubiera sido desde entonces conocido y yo me hubiera librado y a mi patria también de los males que llora hoy. Mi fortuna existiera y no me viera con mi familia arrastrando una inmensidad de trabajos. Fui débil o, para decirlo mejor, oí la voz de los patriotas que por segunda vez me habían honrado llamándome a la Silla del Ejecutivo. Caí, vuelvo a decir, fui débil, acepté oyendo los clamores de los que temían que Ferrera tomase el mando."[9]

El rumor recogido por Vijil dice que la Asamblea cambió la elección; según el texto copiado, Ferrera se persuadió de que se le hacía agravio dándole la Jefatura a Rivera. ¿Qué significa esto? ¿Es que Ferrera acusa a la Asamblea de haber cambiado la elección, como apuntó Vijil? ¿O es que Ferrera se da por ofendido porque, no habiendo habido elección popular, la Asamblea lo pospuso a Rivera, olvidando sus importantes servicios en la campaña contra Domínguez? En el primer caso, la elección habría sido fraudulenta, como sucedió en 1825 al declararse electo a Arce en lugar de Valle. En el segundo caso, el procedimiento de la Asamblea habría sido correcto, aunque con su elección hubiese lastimado el amor propio de Ferrera. No he podido encontrar las actas que contenían los votos de los electores de distrito para juzgar de la conducta de la Asamblea. Las actas de las sesiones de ésta ofrecen los siguientes datos. En la sesión del 12 de diciembre se lee:

"En seguida y para proceder a la apertura de los pliegos y escrutinio de los votos que contienen las elecciones de Jefe y Vice-Jefe del Estado, practicadas en los once partidos en que provisionalmente está dividido el territorio del mismo, se hizo la elección de dos escrutadores que lo fueron con mayoría absoluta de sufragios los ciudadanos Castro Alvarado y Joaquín Aguiluz. Luego ocuparon éstos sus respectivos asientos y, guardando todo el orden prescrito por la Ley, procedieron con el Presidente y los dos Secretarios a la apertura y escrutinio de las elecciones que se han

---

[8] Comayagua, enero 13 de 1837.
[9] Única contestación, 1844.

referido; mas habiéndose encontrado defectos sustanciales en las de Tegucigalpa, Choluteca y Santa Bárbara, se acordó suspender en este estado el acto y que se pasasen a la Comisión respectiva. Se acordó se pida al Gobierno informe del motivo por qué en Santa Bárbara se duplicaron estas elecciones, puesto que no hay conocimiento alguno en la Secretaría sobre este particular; que la contestación del Gobierno se pase a la misma Comisión para que de ella haga el mérito que convenga; y que asimismo tome en consideración los defectos que igualmente se notan en las de Trujillo y Gracias. Por último se acordó, a invitación del Diputado Alvarado, que se cerrase y sellase el pliego de escrutinio que se comenzó y la Asamblea mandó suspender por las razones que se han expuesto. Así se verificó y se levantó la sesión. — Joaquín Rivera, D. P. — Felipe Bustillo, D. S. — Zenón Ugarte, D. S."

Dice el acta del 13: "Leída y aprobada el acta anterior, se dio cuenta con el dictamen de la Comisión de puntos constitucionales a quien se sometió el examen de los defectos que se notaron en las elecciones que se refieren en la anterior. Y puestos a discusión sus cuatro artículos: el primero sobre que la elección que debe declararse legítima de las dos que se practicaron por la Junta electoral de Santa Bárbara, es la de once de junio último; el segundo sobre que los sufragios de las de Gracias y Trujillo en favor del Jefe Intendente y Comandante principal de aquella plaza, se declaren hábiles mediante a no comprenderlos el artículo 62 de la Constitución Federal que prohíbe a los Representantes la elección por el territorio donde estén empleados; el tercero que trata sobre el reclamo de nulidad que ha interpuesto la Municipalidad de Texíguat a las elecciones practicadas por la Junta de Choluteca; y el cuarto que expresa que para allanar la falta que tiene el acta de elección hecha por la Junta electoral de Tegucigalpa, cree la Comisión que por un violento se pida a la autoridad que corresponda conocimiento del número de sufragios que tuvieron los ciudadanos a cuyo favor se sufragó. Fueron aprobados el primero, el segundo y el cuarto, quedando suspensa la resolución del tercero para la sesión de mañana, mediante a que es preciso tener a la vista la Ley Española que cita la referida Municipalidad para resolverlo."

El acta del 14 dice: "El Diputado Aguiluz indicó que, siendo de la mayor urgencia el nombramiento de las autoridades supremas del Estado, se fijase turno para que, dentro de él, se adquieran las noticias pedidas a Tegucigalpa sobre el número de sufragios que tuvieron los sujetos a cuyo favor sufragó aquella Junta, pero que si aun pasado aquél dichas noticias no se habían adquirido, se procedería sin ellas a hacer la elección con las que existen y reúnan la mayoría absoluta. Se acordó de conformidad, señalándose por término de hoy al veinticinco del corriente."

Y finalmente, en el acta de la sesión del 31 se lee: "Luego se procedió al examen de los votos para Jefe y segundo Jefe del Estado mediante haberse recibido los correspondientes a la Junta electoral de Tegucigalpa, que era el motivo por que se había suspendido este acto; y no habiendo encontrado elección de hecho, la Asamblea, conforme al artículo 16 de la Constitución del Estado, hizo la elección guardando el mejor orden y circunspección, y recayó la de Jefe Supremo con siete votos en el ciudadano Joaquín Rivera, habiendo tenido uno el ciudadano Francisco Ferrera, y la de Vice-Jefe en el ciudadano Francisco Ferrera con cinco votos, habiendo tenido dos el ciudadano Santos Valle y uno el ciudadano Francisco Güell. Se acordó se expidiese el Decreto de ley para que los nombrados sean reconocidos por tales. Y se levantó la sesión."

No habiendo expresado en las actas de la Asamblea los defectos de las de elección ni el número de sufragios obtenidos por los candidatos en las elecciones practicadas por las juntas departamentales, solamente las actas de éstas podrían decidir por sí solas evidentemente si hubo o no elección de hecho. Mientras estas actas no se encuentren, el rumor de que tomó nota el señor Vijil debe entenderse falso por la circunstancia de que el acuerdo de la Asamblea, al hacer la elección como la hizo, fue tomado por unanimidad sin un solo voto de disentimiento, y no es admisible que en caso de fraude no hubiera habido quien protestara. Y en tal concepto hay que reconocer que el disgusto de Ferrera porque no se le dio la Jefatura se debió a que no se le haya preferido en atención a sus distinguidos servicios en la última campaña. Por otra parte, Ferrera reconoció su elección de Vice-Jefe sin reclamarla, pues en enero pidió que, antes de tomar posesión de su destino, se le concediera el plazo de tres meses para rendir sus cuentas pendientes en la Intendencia de Tegucigalpa y las de la comisión de Trujillo, en que había administrado los caudales destinados a la expedición, a lo que la Asamblea accedió en la sesión del 29.

Rivera cesó en sus funciones de Diputado el lunes 7 de enero de 1833, en que prestó el juramento de ley como Jefe del Estado, ante la Asamblea que había nombrado nuevo Presidente al Diputado Aguiluz. En aquel acto pronunció un breve discurso al que contestó el Presidente en términos concisos.

CAPÍTULO VI: RIVERA, JEFE DEL ESTADO

SUMARIO: Posición económica de Rivera. —Situación de Honduras. —Casa de Moneda. —Derógase la ley que establecía la única contribución. —Declárase en vigor la ley que hacía herederos forzosos a los hijos de los clérigos. —Crítica infundada de la ley sobre matrimonio de los clérigos. —Libertad de cultos. —Patronato. —Honores a Márquez y a los héroes de Jaitique. —Decreto de indulto. —Ley de Elecciones. —Facúltase al Gobierno para formar un reglamento de Hacienda. —Contrato con Mr. Bennett para establecer un cuño en Tegucigalpa. —Ley Orgánica Judicial. —Proyecto de reformas de la Constitución de la República. —El Congreso Federal y la Asamblea de Guatemala. —Proyecto del Dr. Gálvez. —Facultades extraordinarias al Ejecutivo de Honduras. —Situación del Estado al cerrar sus sesiones la Asamblea. —Labor de Rivera. —Tratado entre Honduras y El Salvador. —Decreto del Consejo Representativo. —Conspiración descubierta: ofrecimientos del Vice-Jefe de El Salvador. —Reúnese la Asamblea en sesiones extraordinarias. —Renuncias de Rivera y de Ferrera. —Resolución sobre reformas federales. —Proposición del Diputado Ugarte. —La Municipalidad de Tegucigalpa. —Restablecimiento de la Intendencia General del Estado. —Decrétase la apertura de un puerto en San Lorenzo. —Concédese licencia a Rivera para separarse de su cargo por tres meses. —Clausura de la Asamblea. —Autorización para reunir la Legislatura Federal en uno de los pueblos de El Salvador. —Clausura de las sesiones del Congreso Federal. —Morazán en Comayagua: su Manifiesto. —Rivera deposita el poder en el Vice-Jefe del Estado. —Matrimonio de Rivera.

1833

D. Joaquín Rivera entró en ejercicio del Poder Ejecutivo antes de cumplir los 38 años. A esta época, merced a sus negocios de comercio y al éxito que había obtenido en algunos trabajos mineros, gozaba de una posición económica desahogada, la cual le había permitido adquirir dos valiosas fincas: las haciendas de Lologuare y de Sigualteca situadas en el valle de Guaimaca, en el Departamento de Tegucigalpa, "compuestas de ganado vacuno y caballar, casas, tierras, corrales, potreros y una saca de agua", aunque la primera estaba afectada por una deuda de D. Esteban Guardiola, a favor del Gobierno Federal, que se había comprometido a pagar.

Al empezar su gobierno, la situación de Honduras era la resultante de la revolución pasada y de las agitaciones de toda la República. Es verdad que el Estado se hallaba en paz y el pueblo tranquilo y obediente; pero la hacienda estaba regida por un sistema ruinoso. Había sido necesario, debido a la escasez de fondos, decretar empréstito a particulares para pagar el Ejército y dar una parte de sus sueldos a todos los empleados en los diversos ramos de la Administración Pública.

Por otra parte, se oía la voz de reformas constitucionales, las que había pedido ya la Asamblea de Nicaragua y secundaba la de Costa Rica, teniendo igual opinión en el Estado de El Salvador y anunciándose iguales deseos en los papeles públicos de Guatemala. El Gobierno Federal había dirigido comunicaciones sobre la traslación de los altos poderes de la República fuera de Guatemala. El Congreso de la Nación, en 5 de diciembre anterior, había declarado Distrito Federal al Estado de Honduras, mas para que este Decreto pudiera ejecutarse, era necesaria la reforma de la Constitución. Entretanto, había que organizar los diferentes servicios del Estado, lo que no había sido posible a causa de las convulsiones ocurridas desde el Gobierno de D. Dionisio de Herrera.

La tarea, pues, que a Rivera esperaba era enorme, y trató de desempeñarla aplicando a ella todas sus luces y energías y procurando el concurso de la Asamblea y el Consejo Representativo y el de los hijos del Estado capaces de señalar orientaciones patrióticas. Las medidas adoptadas por los Cuerpos colegisladores y por él, revelan que trató de hacer, en cuanto era dable, lo mejor.

La Asamblea que dio posesión a Rivera expidió importantes leyes que el Consejo sancionó y de cuya ejecución cuidó el Jefe Supremo.

La casa de moneda se hallaba paralizada por falta de fondos, y estando legalmente habilitado el Cuño del Estado para acuñar moneda corriente, se decretó que los particulares pudieran acuñar sus platas en moneda de toda ley, que era la que corría en la República, sin que por esto se entendiera suspenderse la circulación de la moneda provisional.

El 28 de abril de 1829 se había establecido la única contribución. Los diezmos, pasado aquel trienio, los cobraría el clero sin más auxilios que los que le prestaba la misma religión, y para su exacción, en ningún caso se le daría la fuerza por las autoridades civiles. La única contribución se fijaba así: los capitalistas del Estado pagarían anualmente el uno por ciento del producto de sus bienes libres y productibles; los artesanos darían dos pesos y uno los jornaleros desde 18 hasta 50 años de edad. La Asamblea de 1833 derogó el 30 de enero aquella ley: en su lugar mandó que se cobraran en el Estado los impuestos indirectos que estaban establecidos y que en adelante se establecieran.

Para esta reforma la Asamblea consideró: que aunque la contribución directa es sin contradicción la más propia y análoga al sistema de gobierno adoptado, no lo era a las actuales circunstancias porque la repugnaban algunos pueblos que aún no estaban al alcance de sus grandes ventajas ni de los inconcusos principios en que se apoya; que aunque los ramos de contribución indirecta son menos productibles, más dispendiosos y su administración más insegura y expuesta al fraude y a la venalidad, se había creído más favorable tal contribución a los intereses generales por ánimos amoldados al régimen colonial de más de 300 años, preocupación a la que convenía ceder algunas veces; y que establecida esta clase de contribuciones, no estaría equilibrado el fiel de la justicia si a su par corriera también la única directa, aunque era visto que ni subvenía a las indispensables erogaciones del Estado ni, como fuera justo, gravitaba igualmente sobre todos los individuos que gozaban de los beneficios de la sociedad y del sistema de gobierno.

Sobre derecho civil dictó la Asamblea un Decreto con el objeto de aclarar las dudas que se habían suscitado sobre la ley de 25 de mayo de 1830, a causa de haber sido derogada por otra de 1831 pero que no había sido publicada. Declaró que la ley de 25 de mayo de 1830 que hacía herederos forzosos a los hijos de los clérigos, habidos antes o después de su ordenación, estaba vigente: que se restablecía a su vigor y fuerza la ley 8.ª, título 8.º, libro 5.º de la Recopilación de Castilla; y que los Tribunales y jueces se arreglarían a su contenido en los casos que ocurrieran.

El Dr. D. Lorenzo Montúfar, en su Reseña Histórica, hace justicia a este Decreto en estos términos: "El 25 de mayo de 1830, la Asamblea de Honduras no sólo derogó la ley de Soria que prohíbe sean herederos no sólo los hijos de clérigos, ordenados in sacris, sino que hizo a éstos herederos forzosos de sus padres. Esta derogatoria produjo un grande escándalo a todas las personas que, sin penetrar en la filosofía del derecho, siguen ciegamente los usos y costumbres de sus mayores. La ley emitida por D. Juan I en Soria dice que se prohíbe hereden los hijos de los clérigos a sus padres, para no dar ocasión a que las mujeres sean barraganas de los eclesiásticos. El lapso de una serie de años demostró que esa ley no impedía lo que ella se propone evitar, y que infligía a los hijos inocentes el castigo que debiera imponerse a los padres culpables. En este concepto, la derogatoria de Honduras es tan justa como filosófica. Sin embargo, las tendencias reaccionarias, dominando en este punto, hicieron derogar el enunciado Decreto. Pero la discusión había puesto de relieve la verdad".

Añade el Dr. Montúfar que este Decreto agitaba los ánimos porque se le creía relacionado con otro emitido en 27 de mayo de 1830 que disponía que los eclesiásticos seculares del Estado pudieran contraer matrimonio libremente. Y critica este Decreto por hallarse en pugna con los cánones de la Iglesia. La crítica no tiene razón de ser porque el Decreto aludido no autoriza el matrimonio de los clérigos in facie ecclesiae; los clérigos podían casarse conforme a él y de conformidad con la ley que el 10 de abril de 1820 había emitido la Asamblea, facultando a los Alcaldes para autorizar el matrimonio "cuando los interesados encontraran embarazos en los Curas, considerando en este caso el matrimonio como un puro contrato civil".

El Dr. Montúfar no conoció este Decreto.

El 9 de enero, la Asamblea adoptó en todas sus partes el Decreto del Congreso Federal de 2 de mayo de 1832, en que reformó el artículo 11 de la Constitución, declarando que sus habitantes pueden adorar a Dios según su conciencia y que el Gobierno general los protege en la libertad de su culto religioso. Fundó la adopción de esta medida, con la que estaban de acuerdo las Asambleas de Nicaragua, El Salvador y Guatemala, en la consideración de que la sana moral trazada por el espíritu evangélico no se opone a la conformidad recíproca de los cultos, pues la adoración que ha de tributarse al Ser Supremo debe tener su procedencia en un corazón libre y desinteresado.

En relación con este Decreto hay que recordar el de 11 de julio de 1831, en que el Congreso Federal declaró que el patronato eclesiástico correspondía a la Nación y debía ser ejercido por el primer Magistrado de la República; y prohibía la publicación de bulas, rescriptos y cualesquiera letras pontificias como también las que emanaran de los prelados eclesiásticos sin que previamente obtuvieran el pase del Poder Ejecutivo Nacional.

En la sesión del 1.º de febrero se hizo honroso recuerdo del Jefe del Estado D. José Antonio Márquez, quien murió víctima de una enfermedad contraída por el infatigable celo con que atendió a salvar el país y las instituciones amenazadas por la revolución que había empezado con la captura de la fortaleza de Omoa. A la par de la memoria de Márquez surgió la de las víctimas de aquella revolución que cayeron en Jaitique. La Asamblea decretó que se formaran dos cuadros en lienzo con sus respectivos marcos adornados de oro y esmalte. En el primero se pintaría el árbol de la Libertad, algún tanto inclinado, y al pie una figura de ángel con un bastón en la mano, en ademán de sostenerlo, con esta inscripción:

Aquí yace el genio del Benemérito inmortal Jefe Supremo Ciudadano José Antonio Márquez, que falleció el 25 de marzo de 1832, en los momentos de la gloriosa y memorable batalla de Jaitique.

En el otro cuadro se grabarán con letras de oro los nombres de todos los que murieron en la expresada batalla, colocándolos en el orden de sus empleos y poniendo al principio la inscripción siguiente:

La Patria agradecida a los ilustres mártires de Jaitique.

Estos cuadros se colocarían en los lados principales del salón de sesiones de la Asamblea.

En vista de lo informado por el Gobierno y Comandancia General sobre el estado en que se hallaban las causas de los reos acusados de infidencia, y considerando que los principales autores de la revolución promovida por el aventurero Domínguez habían expiado sus crímenes en un patíbulo como debieran según la ley, la Asamblea concedió indulto general a todos los habitantes del Estado que directa o indirectamente se hubieran mezclado en dicha revolución. No serían comprendidos en el indulto los que, a juicio del Gobierno, fueran peligrosos a la tranquilidad pública, quienes serían juzgados con arreglo a la ley.

El 6 de febrero la Asamblea decretó la prórroga de sus sesiones por el tiempo necesario para concluir las leyes orgánicas de Hacienda y Justicia.

En sesión del 8, emitió la Ley de Elecciones, adoptando el proyecto que el Cuerpo Legislativo habría formado en 1830 y que no se pasó al conocimiento del Consejo Representativo para su sanción. Las elecciones serían directas.

En Decreto del 14 facultó al Gobierno para formar un reglamento de Hacienda Pública sobre los ramos de contribuciones indirectas. Aunque este fue uno de los objetos que tuvo presentes no sólo al prorrogar sus sesiones, sino también al momento de su instalación, no le había sido posible llenar sus benéficas intenciones en esta parte, así por no haber concurrido todo el número de sus Diputados como porque algunos de los que fungían en la actualidad habían sido embarazados por enfermedades u otras legítimas causas y además por el cúmulo de negocios que se habían aglomerado en el corto período de sus sesiones. Tampoco había podido reunir todos los datos necesarios para que la ley de Hacienda pudiera ser formada con la escrupulosidad y perfección que requería. Estando el Gobierno más al alcance de dichos datos, podrá llenar las miras del Cuerpo Legislativo. El reglamento regiría mientras el expresado Cuerpo lo aprobaba o reformaba y para ese efecto sería presentado a la Asamblea en sus primeras sesiones ordinarias.

En Decreto del 15, deseosa la Asamblea de establecer un cuño formal, autorizó al Gobierno para cubrir a Mr. Marcial Bennett la cantidad de $19,063.00 que le adeudaban la testamentaría del español José Serra Vijil y el faccioso José Valerini, cuyos bienes en cumplimiento de disposiciones vigentes habían entrado en la Tesorería General. El pago se haría sin perjuicio de la graduación de acreedores que se hiciera por los Tribunales, recibiendo las platas que había ofrecido al mismo precio que se cambiaran en la Casa de Moneda. Bennett quedaría obligado, por esta anticipación, a poner en la ciudad de Tegucigalpa, de su cuenta y riesgo, una máquina de vapor capaz de amonedar cinco mil pesos diarios dentro del término y por la cantidad que se conviniera por el mismo Gobierno, a quien se facultaba para la celebración de este contrato, en el que debería entrar la precisa condición de que el inteligente que la planteara en dicha ciudad permanecería en ella por el sueldo que se estipulara hasta que se obtuvieran los conocimientos precisos para la continuación del uso de la máquina.

En sesión del 20 expidió la Ley Orgánica de la Corte Superior de Justicia y demás encargados del Poder Judicial. Hasta allí no se habían dictado más que disposiciones aisladas y deficientes sobre la organización de los tribunales y administración de justicia.

En 1830 la tercera Asamblea Ordinaria había encomendado al Diputado Presbítero D. Francisco Antonio Márquez presentar en las primeras sesiones extraordinarias un plan de reformas para manifestar al Congreso Federal, en uso de las facultades que le daba la Constitución, cuáles eran los obstáculos que se oponían en el Estado a la consolidación del sistema federal y las reformas que a su juicio facilitarían su práctica. No fue posible cumplir el mandato de aquella Asamblea.

La de 1833, en su sesión del 20 de febrero, dictó el siguiente proyecto:

"La Asamblea Ordinaria de Honduras, penetrada de la necesidad de reformar nuestra Constitución, después de un examen reflexivo sobre las costumbres de los pueblos centroamericanos, que presentan gravísimos obstáculos para dar una firme estabilidad al sistema adoptado bajo las bases establecidas y consignadas en la Constitución Federal, ha creído que entre sus deberes más sagrados está ofrecer a la consideración del Congreso de la Nación y de las Asambleas de los Estados un plan de reformas que tiene por más sencillo, más económico y en sumo grado más vigoroso conforme a los artículos siguientes:

El Gobierno de Centroamérica será republicano, federal y representativo.

Las autoridades federales residirán en el pueblo que ellas eligieren.

Si eligieren alguno de los de Honduras, lo tendrán por distrito federal con cuatro leguas en contorno.

Habrá una Dieta compuesta de dos representantes por el Estado de Costa Rica, tres por el de Nicaragua, tres por el de Honduras, cuatro por el de El Salvador y seis por el de Guatemala.

Esta Dieta será la única autoridad federal que se reconozca y ella resolverá todos los negocios que pertenezcan a la Federación.

En consecuencia al artículo anterior, se suprime el Poder Ejecutivo Federal, el Senado y la Alta Corte de Justicia.

Las atribuciones de la Dieta serán:

Conocer de los asuntos diplomáticos.

Arreglar la administración de correos.

Decretar el tipo, peso y ley de la moneda.

Reglamentar el comercio marítimo.

Decidir en las competencias que se susciten entre las Asambleas de los Estados.

Declarar la guerra y firmar la paz con las naciones extranjeras.

En caso de declararse la guerra, la Dieta nombrará un General que sólo estará sujeto a ella; y a este General presentarán los Estados el contingente de dinero y tropa que les asigne la Dieta.

Los Diputados que componen la Dieta serán pagados por sus respectivos Estados.

Los Estados podrán constituirse del modo que pudieren, según la localidad y costumbres de sus habitantes sin quedar sujetos a la Federación sino en los casos indicados en los artículos precedentes.

Comuníquese al Poder Ejecutivo para que lo haga imprimir y ponerlo en conocimiento de la Federación y de los demás Estados.

Dado en Comayagua a 20 de febrero de 1833.

José Ignacio Milla, Diputado Presidente.

León Rosa, Diputado Vicepresidente.

Francisco Márquez. José Trinidad Reyes. Zenón Ugarte. Teodoro Boquín. Mónico Bueno, Diputado Secretario. Casto José Alvarado, Diputado Secretario.

El Secretario General del Gobierno, D. Santos Bardales, de orden del Jefe Supremo del Estado, hizo imprimir el proyecto y lo puso en conocimiento de los Gobiernos de la Unión.

Cuando se dictó el proyecto expresado ya se había expedido por el Congreso Federal un Decreto de convocatoria a una Asamblea Nacional Constituyente, tomando por base la población. Este Decreto no obtuvo la sanción del Senado, pero fue ratificado por el Congreso. Necesitaba, sin embargo, para que obligara, la aprobación de las Legislaturas de los Estados. Y en vista de que los movimientos populares de El Salvador y el pronunciamiento de la Asamblea de Nicaragua presentaban síntomas de disolución, la Asamblea Extraordinaria de Guatemala dictó el 27 de enero de 1833 un Decreto en que declara que, si por algún evento o en cualquier tiempo llegase a faltar el pacto federal, el Estado de Guatemala se consideraba organizado como preexistente a dicho pacto y con todo el poder necesario para conservar el orden interior, la integridad de su territorio y poder libremente formar un nuevo pacto con los demás Estados o ratificar el presente o constituirse por sí solo de la manera que más le conviniera. Este Decreto fue ratificado por la Asamblea Ordinaria de dicho Estado el 26 de febrero del mismo año. Por otra parte, D. Mariano Gálvez, Jefe del Estado de Guatemala, quería crear una Dieta para que se hiciera la reforma sin tocar la organización de los Estados. En todo esto obraba la influencia de los folletos que D. Juan José Aycinena había publicado en los Estados Unidos de América contra la Federación Centroamericana.

En estas circunstancias aparecía el proyecto de la Asamblea hondureña, que se apartaba ya de la forma federal de Gobierno insinuando la de confederación. La idea era de Rivera, quien sinceramente pensaba que esta reforma hubiera hecho el bien del país; pero, según dice él, "no tuvo efecto porque no es dado las más veces a un hombre solo en política cambiar los destinos de una nación".

Los disturbios ocurridos en San Salvador que dieron origen a la caída del Jefe Prado y a que entrara al ejercicio del Poder Ejecutivo el Vicejefe San Martín, lo que hizo necesaria la intervención del Presidente de la República, General Morazán, para la pacificación de aquel Estado, y el malestar que se experimentaba en los demás Estados vecinos, hicieron temer a la Asamblea de Honduras que la paz de que actualmente disfrutaban todos los pueblos del Estado pudiera alterarse si por desgracia llegaba a contaminarlos el fuego de la discordia, y por este motivo, y creyendo insuficientes para el caso las facultades que concedía la Constitución al Ejecutivo, emitió un Decreto el 20 de febrero, autorizando a este Poder para levantar en el Estado la fuerza que creyera conveniente, para cuyo sostenimiento podría tomar de los fondos públicos y de los diezmos, exigir empréstitos a particulares y decretar contribuciones; la indemnización de los empréstitos sería garantizada conforme al artículo 125 de la Constitución.

La Asamblea celebró su sesión de clausura el 23. En ella se presentó el Jefe del Estado acompañado de sus Ministros y pronunció un breve discurso en que compendió decorosamente la conducta de la Legislatura y la situación en que se hallaba felizmente el Estado, exponiendo sus buenos propósitos respecto a la delicada administración que tenía a su cargo. El Presidente contestó a nombre de la Asamblea, protestándole el esfuerzo de ésta para acertar en sus labores legislativas.

Rivera, que había marchado de acuerdo con ella y con el Consejo, contraído a la ejecución de sus disposiciones y a atender a las necesidades del gobierno, cuidaba de extinguir la deuda de las administraciones anteriores y de mantener pagada la lista civil y militar, salvando las dificultades a que dio origen la destructora guerra de 1832; procuraba calmar los ánimos evitando que se cumplieran las medidas de rigor que se habían tomado contra las propiedades de los revolucionarios, de lo que dio muestras devolviendo a D. Juan Lindo y a los hijos de D. Ciriaco Velásquez, cómplice de Domínguez, fusilado en Omoa antes de la rendición del castillo, las casas que bajo el gobierno del Consejero Milla habían sido declaradas pertenecientes al Fisco; atendía a mantener con los Gobiernos de la Unión la mejor armonía, cultivando sus relaciones con la mayor buena fe y con la mayor franqueza; velaba porque la libertad de imprenta disfrutara de toda clase de garantías; y hacía cuanto era posible para otorgar las recompensas a que tenían derecho los ciudadanos que habían empuñado el arma para debelar el movimiento revolucionario recién pasado. Para otorgarlas a la División que había ido a Trujillo al mando de Ferrera, pidió informes a éste. Ferrera el 23 de febrero contestó que en lo general la División de su mando era acreedora a la gratitud del Gobierno, y envió una lista con anotaciones respecto a los que se habían distinguido.

El 10 de mayo, al mismo tiempo que San Martín, Vicejefe de El Salvador, convocaba a elecciones infringiendo el convenio celebrado en abril con Morazán, D. José Miguel Montoya, comisionado por aquél, celebraba en Comayagua con D. Santos Bardales, comisionado por Rivera, un tratado que tenía por objeto promover los medios de reformar la Constitución. En él se establecía que, estando uniformes los dos Estados en que se reformara la Constitución Federal de la República y presentadas por las respectivas Legislaturas las iniciativas de reforma, los dos Gobiernos convenían en nombrar dos Ministros por cada Estado que, en unión de igual número de los demás de la Unión, formaran las bases generales de los artículos que hubieran de reformarse, o de una nueva Constitución, si pareciera conveniente dictarla, las que se presentarían a la Asamblea Constituyente que el Congreso Federal había convocado por Decreto de 20 de abril. Invitarían al efecto a los demás Estados hermanos. Ambos Gobiernos se comprometían a no levantar armas contra ningún Estado si no era previo acuerdo de la Federación y con la condición precisa de que los demás Estados concurrieran con el contingente de hombres y dinero que les correspondiera. Ni el Gobierno de Honduras ni el de El Salvador asilarían en su territorio a los prófugos que hubieran conspirado contra sus legítimas autoridades. Y ambos Gobiernos protestaban sostener a todo trance la independencia y soberanía de la Nación, y a no consentir fuera invadida por ninguna potencia extranjera.

Luego se recibieron noticias de que el ex-Presidente D. Manuel José Arce, unido con un hermano del desventurado Vicente Domínguez, se preparaba para hacer la guerra a la República, y, al efecto, alistaban tropas y solicitaban municiones y armamento en los puntos inmediatos a la de México.

En estos momentos la hacienda del Estado se hallaba en tal situación que no producía ni aún la pequeña suma que devengaba la guarnición conservadora del reposo público, por lo cual estaba el Estado expuesto a su total exterminio y el Gobierno con las manos atadas para obrar contra los enemigos de la independencia en caso necesario. Con tales motivos y teniendo en consideración, además, que los Estados de El Salvador y Nicaragua se habían apropiado las rentas federales, medida que probablemente sería secundada por el de Guatemala, y que con tan necesario objeto se había convocado el 20 de abril a la Asamblea Legislativa a sesiones extraordinarias, no habiéndose podido aún verificar la reunión en circunstancias tanto más peligrosas cuanto que una falta podía causar un trastorno general, el Consejo Representativo, autorizado por tales circunstancias, siendo de su deber conservar la soberanía e integridad de Honduras y deseando asegurar los puertos del Norte como propios de su territorio, dictó el 19 de mayo un Decreto que contiene los artículos siguientes:

Artículo 1° El Estado de Honduras y a su nombre el Consejo Representativo, sin sustraerse del pacto federal, reasume la administración de los pueblos de Omoa y Trujillo y la de la renta de tabacos.

Art. 2° En su consecuencia, el Gobierno procederá al nombramiento de los funcionarios que sean necesarios, tanto en los puertos y aduanas como en la factoría y tercenas de dicho ramo.

Art. 3° La administración de unos y otros será con arreglo a las leyes vigentes, y sus productos entrarán a la Tesorería General, sin perjuicio de que ésta contribuya a la Federación con el contingente que le está señalado para gastos generales.

Art. 4° Mediante a que el crédito nacional se halla empeñado en la amortización de vales de comercio, se recibirá en cada una de las dos aduanas marítimas una tercera parte de esta moneda, en todos los enteros que se hagan en lo sucesivo, hasta haberse amortizado proporcionalmente por todos los Estados de la Unión los doscientos mil pesos mandados emitir últimamente, y la parte que toque a Honduras se rebajará de la cantidad que se remita a la Federación por razón de cupo.

Art. 5° Comuníquese a los Gobiernos de los Estados y especialmente al Supremo Nacional, manifestándoles los motivos que han obligado a dictar esta medida y a la Asamblea Nacional Extraordinaria tan pronto como se reúna para su aprobación o reforma.

Firman este Decreto D. Francisco Milla como Consejero Presidente y D. José María Arriaga como Secretario. Rivera le puso el "Ejecútese" el 22 de mayo.

Cuando se dictó esta medida, el Gobierno de Honduras tenía noticia de que algunos morenos ocupados en los cortes de madera de Walis intentaban invadir por el Norte; que los cabecillas eran Juan José Cori y Casimiro Martínez, quienes se hallaban en el territorio hondureño; que éstos estaban de acuerdo con Carrao, Portal y demás emigrados hondureños residentes en Walis y Bacalar; que se preparaba un buquecillo con el nombre de Guarda-Costas y con el preciso fin de transportar hombres y municiones de guerra. Descubierta la conspiración, el Gobierno dictó medidas de seguridad, y capturados los referidos Martínez y Cori, que habían intentado incendiar la población de Omoa y seducido parte de la tropa, fueron sometidos a juicio y, previos los requisitos de ley, condenados a muerte. En cumplimiento de la sentencia fueron fusilados el 25 de mayo. El Comandante de Omoa dio parte de ello en la misma fecha; su comunicación fue impresa y transmitida a los Gobiernos de la Unión.

El de El Salvador contestó el 14 de junio que inmediatamente se había hecho circular aquélla y que el pueblo había recibido con alegría la noticia por haberse cortado la nueva revolución y los males que se intentaban repetir. Pero no se contentó con esto el Vicejefe, pues como se anunciaba que el plan revolucionario estaba combinado con los prófugos residentes en Belice y Bacalar, manifestó que era preciso tomar medidas que pudieran evitar nuevos sucesos desagradables que alterasen la tranquilidad pública y como el Gobierno de Honduras había tomado los puertos de Omoa y Trujillo, a él le ofrecía los auxilios que le correspondían al Estado de El Salvador para la defensa de la República y de una causa común, protestándole que los pueblos que tenía el honor de mandar ardían en puro patriotismo para la defensa nacional y se prestarían gustosos para batir a cualquier emprendedor que intentara trastornar el orden e invadir la República.

El Vicejefe —añadía la nota—, hubiera querido enviar un agente para repetir de palabras este ofrecimiento, lo que no hizo por la premura del tiempo, y hubiera deseado enviarlo también al Ejecutivo Nacional a quien correspondía defender las fronteras de la República, pero lo omitió porque este Poder había quedado en la impotencia de obrar, a causa de haber tomado sus rentas todos los Estados y reasumido su soberanía de resultas de que el partido preponderante de Diputados en el Congreso Federal contrariaba la opinión pública y había disminuido con este motivo la confianza de los pueblos.

El 28 de mayo se instaló la Asamblea convocada el 20 de abril a sesiones extraordinarias. Formábanla los Diputados Francisco Antonio Márquez por Santa Bárbara, León Rosa por Nacaome, Casto Alvarado por Olancho, J. Ignacio Rivera por Trujillo, Zenón Ugarte por Cantarranas, Teodoro Boquín suplente por Comayagua, J. Manuel Morejón suplente por Gracias y José Trinidad Reyes por Los Llanos. Fueron elegidos Presidente el Diputado Rosa, y Secretarios los Diputados Bueso y Alvarado.

Se leyó la nota de los asuntos de que conocería, y por su orden el Presidente nombró las siguientes comisiones: sobre los pronunciamientos de los Estados de la Unión, al Diputado Márquez; sobre el acta de la Municipalidad de Tegucigalpa, al Diputado Reyes; sobre la renuncia del Jefe Supremo, al Diputado Ugarte; sobre la renuncia del Vicejefe, al Diputado Boquín; y sobre Hacienda a los Diputados Rivera (D. José Ignacio) y Ugarte.

Como se ve, habían renunciado sus cargos D. Joaquín Rivera y D. Francisco Ferrera. ¿Cuáles eran los motivos? En las actas no se hicieron constar y no se han podido hallar las renuncias dirigidas a la Asamblea. En la sesión del 30 se resolvió no admitirlas; en el Decreto relativo a la de Rivera se dijo que se estimaban justas las causas en que se fundaba, pero previendo el indispensable trastorno que se experimentaría si se admitiera, se declaraba sin lugar; esta resolución se tomó sin el voto del Diputado Márquez.

En el Decreto relativo a la de Ferrera, se dijo que se denegaba sin embargo de las razones en que se apoyaba, en atención a que, siendo notoriamente peligrosa la actual situación del Estado, convenía que estuvieran ocupadas las sillas de las autoridades que habían de velar en la tranquilidad y conservación del mismo Estado, y era además inoportuno el obligar a los pueblos a repetir a cada paso nuevas elecciones para renovar funcionarios en quienes habían puesto su primera confianza. Pero el solicitante podía usar la licencia que se le había concedido por el tiempo que lo exigiera su enfermedad.

En la misma sesión se presentó ante la Asamblea el Jefe Supremo y leyó su Mensaje. Le contestó el Presidente y el documento, leído, pasó en comisión al Diputado Márquez.

En las sesiones del 29 y 31 se empezaron las discusiones del dictamen de la Comisión sobre pronunciamiento de reformas en los Estados de la Unión. Un nuevo dictamen se presentó en la segunda de aquellas fechas, que se discutió en la sesión del 1° de junio. En él se insistió en no admitir la convocatoria de una Asamblea Nacional Constituyente, ya porque la notoria pobreza de los Estados imposibilitaba la reunión de muchos representantes, ya porque el fatal espíritu de localismo prevalecería en la mayoría con detrimento de los Estados.

Por estas y otras razones, se proponía en su parte resolutiva que de nuevo se repitiera el proyecto presentado el 20 de febrero, y que en caso de que éste no fuera admitido por la mayoría de los Estados, el de Honduras se adheriría a la Convención propuesta por Guatemala y El Salvador. Fue aprobado este dictamen, salvando su voto el Diputado Alvarado, quien, fundándose en las razones del Decreto federal que convocaba una Asamblea Constituyente, se creía sin facultades para opinar de un modo distinto al prefijado en el artículo 203 de la Carta Fundamental. Se comisionó al Diputado Reyes para redactar la comunicación que debía dirigirse conforme al dictamen aprobado.

El Diputado Reyes, en la sesión del 9, manifestó que tenía noticias de que Guatemala y El Salvador no opinaban por una Convención, como antes creía la Asamblea, por lo que deseaba saber si en virtud de este nuevo dato se debía variar o modificar el acuerdo del 1° de junio; y se acordó que si las proposiciones que habían de comunicarse al Congreso Federal no se aceptaban ni convenía en una Convención que hubiera de reunirse en Chinameca, Honduras estaría deferente a la reunión de una Asamblea Nacional Constituyente que hiciera la reforma, en fuerza de ser ésta la más preponderante opinión en la República.

A iniciativa del Diputado Ugarte se acordó declarar que el Estado seguiría constituido por las mismas leyes vigentes mientras se verificaba la reforma constitucional del modo que se conviniera; y a iniciativa del Diputado Presidente Rosa, se acordó en la sesión del 10, que en caso de que se adoptase la convocatoria de la Asamblea Nacional Constituyente, la Asamblea de Honduras pidiera la igualdad de representación por cada Estado.

La solicitud de la Municipalidad de Tegucigalpa, del 24 de abril, era para que se reuniese la Asamblea y proveyera medidas que salvaran los intereses de los Estados en las presentes circunstancias. El dictamen propuso que se excitara al Gobierno para que manifestara a aquella Municipalidad que fue visto con placer su voto y que el tiempo lo ocupaba en dar lleno a sus deseos.

Y en cuanto a hacienda se dispuso restablecer la Intendencia General del Estado, establecer la renta de tabaco, aprobar el Decreto del 19 de mayo que dictó el Consejo Representativo, reasumiendo la administración de los puertos de Omoa y Trujillo y de aquella renta y el establecimiento de un puerto en San Lorenzo, jurisdicción de Nacaome, este último punto a iniciativa del Diputado Presidente Rosa.

Habiendo pedido licencia Rivera para retirarse a arreglar sus intereses, se acordó en la sesión del 12 concedérsela por el tiempo que estimara conveniente, debiendo hacer uso de ella tan luego como el Vice-Jefe estuviera en disposición de encargarse del mando; pero no excedería de tres meses.

Después de haber dictado otras disposiciones para facilitar la labor del Poder Ejecutivo, la Asamblea cerró sus sesiones el 16.

El 25 del mismo, el Congreso Federal autorizó al Ejecutivo de la Nación para señalar uno de los pueblos del Estado de El Salvador para la reunión de la primera Legislatura Federal. Desde febrero del mismo año el Dr. Gálvez, Jefe del Estado de Guatemala, había dicho a la Asamblea en su Mensaje que era una la voz de los Estados pidiendo que las supremas autoridades federales fijaran su residencia fuera del de Guatemala y que la Asamblea y el Gobierno habían acordado pedir al Congreso que atendieran a aquellos votos, no expresando en esto un deseo que fuera poco atento con huéspedes tan respetables, sino una necesidad de obsequiar el pronunciamiento terminante de la Nación. Empezaba, pues, a ponerse en práctica lo deseado.

El Congreso Federal cerró sus sesiones el 8 de julio, habiendo desconocido la convocatoria a elecciones verificada en El Salvador contra el convenio de 6 de abril firmado con el Presidente de la República, General Morazán. Este, que había pedido licencia para venir a Honduras, llegó a Comayagua como simple particular, y en esta ciudad publicó un Manifiesto en que se refirió a la conducta política del Vice-Jefe San Martín y de sus colaboradores. En él hizo ver que su retirada a Honduras no era una infracción del tratado aludido, el que no le impedía pedir licencia para separarse del mando ni San Martín podía confinarlo a ningún punto del territorio de Centroamérica.

Decía esto porque los partidarios de San Martín y Gálvez le atribuían que el objeto del viaje a Honduras era el de reclutar gente y volver sobre El Salvador. El Manifiesto fue contestado el 1° de septiembre en la capital de aquel Estado, y en la contestación se atacaba con tal virulencia a Morazán y su partido que se vio que la cuestión sólo podría resolverse por las armas.

Esta era la situación cuando Rivera preparaba su viaje para gozar de la licencia concedida. El 24 de septiembre depositó el Poder Ejecutivo en el Vice-Jefe del Estado D. Francisco Ferrera, y luego salió para Texíguat.

En este pueblo le esperaba otra clase de impresiones. Después de las agitaciones e inquietudes de la política, iba en pos de la felicidad; aguardábale su novia la señorita Teresa Márquez, modelo de virtud, de gracia y de belleza, hija del patriota D. José Antonio Márquez que había muerto al servicio del Estado y sobrina del Presbítero D. Francisco Márquez, su maestro, su amigo, su correligionario y su colaborador en las tareas del Gobierno. La iglesia de Texíguat, llena de alborozo, presenció la boda; Fray Ramón Rojas bendijo la dichosa unión.

CAPÍTULO VII: RIVERA, JEFE DEL ESTADO

Ferrera en el Poder Ejecutivo.—Elección de representantes a la Convención Nacional. —Sucesos de San Miguel; acción de San Bernardo. —Vuelve Rivera a sus funciones. —Conducta de Ferrera.—Traslación de las autoridades federales a Sonsonate. —Reclamación. —La Asamblea Ordinaria: su labor. —Las autoridades federales en San Salvador.—Actitud del Gobierno de Guatemala. —Medidas de seguridad. —Caída del jefe San Martín. —La isla de Roatán. —El Código Penal de Livingston. —Publicación ordenada por el Consejo. —Decreto sobre depósito de bienes litigiosos. —Celebración del aniversario de la Independencia. —Asamblea extraordinaria: su labor; no acepta la unión de Honduras y El Salvador en un solo Estado. —Licencia a Rivera.—Discurso del Presidente de la Asamblea. —Propaganda del titulado Marqués de Aycinena.

1833 a 1834

Durante la ausencia de Rivera, el Vicejefe don Francisco Ferrera dictó varias disposiciones importantes: emitió un decreto estableciendo una feria en Nacaome para Pascua de Navidad, con el objeto de favorecer los intereses del comercio en relación con la apertura del puerto mandado crear por la Asamblea en la costa del sur; emitió otro señalando un punto de la isla del Tigre[10] para el establecimiento del puerto, y creando los empleados administrativos y militares que debían servir en él; procuró la cooperación del Consejo Representativo para que funcionara la Corte de Justicia, que no se reunía por defectos en la elección de los ciudadanos Teodosio Avilés y Santiago Milla; y decretó la apertura de una cátedra de Gramática Latina en el Colegio Tridentino de Comayagua, en el que oportunamente se abrirían las demás cátedras.

Ferrera tuvo noticias de que el expresidente Arce reunía tropas en México, y en previsión de que pudieran ser para amenazar a la República, dio aviso al Gobierno Federal y a los de los Estados, expresándoles la buena disposición en que se hallaba Honduras para

---

[10] El puerto se llama hoy Amapala.

la defensa nacional. Casi al mismo tiempo, el doctor Gálvez, jefe del Estado de Guatemala, recibía un informe en que se le decía que Arce buscaba en Acapulco flete para trescientos fusiles y pasaje para su persona con destino a un puerto de El Salvador. Gálvez había celebrado con San Martín un tratado en que se convenía que tres representantes popularmente electos por cada uno de los Estados de Guatemala y El Salvador concurrirían a una Dieta para reformar la Constitución Federal y, entretanto, se auxiliarían mutuamente para sostener los principios del mismo tratado.

Las noticias relativas a Arce hicieron ver a Gálvez el peligro de su política separatista y obtuvo de la Asamblea de Guatemala que rechazara el tratado. En el dictamen sobre este se dijo que la independencia corría gran riesgo si Arce lograba desembarcar con su armamento en algún puerto de El Salvador, y que el punto donde desembarcara debía considerarse como el centro o el foco de los enemigos de la patria. San Martín escribió a Gálvez que era falsa la noticia de la venida de Arce y que, en caso de ser cierta, él sería el primero en sacrificarse por salvar la República de las injustas pretensiones del expresidente. También hizo dirigir una nota al Gobierno de Guatemala haciendo ver que Arce no se había movido de México, y con ella el número 22 del Boletín Oficial del Gobierno de Honduras, en el que se hablaba de la ruina del edificio de la Comandancia de Trujillo, que era el primero de la plaza por su construcción y hermosura, diciéndose que se debía al comandante Castillo, quien había vendido los balcones de hierro y la teja para pagarse sus sueldos, y quien había además derribado parte de las baterías haciendo salvas por el cumpleaños de su esposa. Añadía el periódico que el comandante había causado tales daños por comisión reservada de los guatemaltecos.

El envío de este periódico por San Martín tenía por objeto indisponer con Honduras a los guatemaltecos por el ultraje que el Boletín les hacía, y el resultado fue que en la Asamblea hubo discursos violentos contra este Estado y se dijo que las faltas acusadas provenían de las autoridades federales, compuestas casi siempre de gente de otros Estados y especialmente de hondureños; y que Morazán, que era de Honduras, se hallaba a la cabeza de la República.

El 20 de octubre se había celebrado en San Salvador, a virtud de la ley de 19 de agosto emitida por la Asamblea Legislativa de aquel Estado, la elección de los tres representantes que debían concurrir a la Convención Nacional que iba a ocuparse en rever la Carta Constitutiva y acordar los puntos que convinieran a su reforma. Resultaron electos propietarios los ciudadanos licenciados José del Valle, Nicolás Espinosa y Antonio José Cañas; y suplentes los ciudadanos Carlos Salazar y Damián Villacorta.

El Gobierno de El Salvador lo comunicó a todos los Estados para que, en los que habían adoptado el proyecto de Convención, se acordara la elección de sus representantes y se señalara de nuevo el punto en donde debían reunirse. Ferrera recibió la comunicación el 9 de noviembre e hizo contestar que la elección de los representantes de Honduras se practicaría tan luego como se reuniera la Asamblea y reglamentara el modo en que debía verificarse; y entonces se anunciaría el lugar de reunión de los electos o se adoptaría el que hubieran señalado los otros Estados.

En la madrugada del 17 de diciembre, el pueblo de San Miguel, en número de más de quinientos hombres, asaltó el cuartel, se apoderó de las armas e hizo huir al jefe político Najar. En el acta de pronunciamiento se acusaba a San Martín, entre otras cosas, de haber dado recomendaciones para que fueran electos para los poderes nacionales los partidarios y parientes de Arce; pedíase cabildo abierto y solicitábase el auxilio del Gobierno Federal.

Los revolucionarios, encabezados por Miguel Montoya, Juan José Gómez, Sixto Pineda y Mónico Manzano, se vieron obligados a desocupar la plaza por haberse hecho salir contra ellos de San Salvador, con una división, al coronel Fermín Paredes. Perseguidos por este, penetraron a territorio hondureño, y desde Goascorán pidieron asilo al Gobierno. Paredes pidió a este el paso para continuar en seguimiento de aquellos, y Ferrera, en lugar de negarlo o de servir de mediador o de tomar otras providencias prudentes y conciliatorias, permitió el allanamiento del territorio, y Paredes pudo dar alcance a los fugitivos en San Bernardo, en donde los atacó y dispersó, habiendo perecido gran número de ellos, asesinados según se refiere. Ferrera estaba ya en inteligencia con San Martín, y esto fue causa de que patriotas salvadoreños viniesen a ser víctimas en el mismo suelo en que habían buscado asilo.

La conducta de Ferrera obligó a Rivera a volver a fines de enero de 1834 a la silla del Ejecutivo "para no permitir más —dice— al genio de la discordia que se sentase en ella."

"La República —dice él mismo— en aquella época se hallaba agitada. Pronunciamientos, desconocimientos, desorden y turbulencias se sucedían en todos los pueblos del Salvador. La misma agitación se notaba en el Estado de Nicaragua; y Honduras, colocada entre estos dos Estados, estaba expuesta y en inminente peligro de contagiarse del espíritu revolucionario que, a manera de fuego eléctrico, se extendía por todas partes. Mi primer cuidado estaba consagrado a evitar que el Estado se incendiase. Ferrera no deseaba otra cosa, porque el desorden y la anarquía son su elemento; pero me temía y, por consiguiente, no se atrevía a las claras a declararse. Yo lo atisbaba dispuesto a reprimirlo en la primera vez que osara turbar el Estado."

"Ferrera no cesó de promover disturbios y descontentos sin presentar la cara, hasta el grado de valerse del jefe político de San Miguel para que este arrancase actas a la Municipalidad de la misma ciudad, invitando a las de Tegucigalpa y Comayagua a que se pronunciasen contra mi administración; pero las municipalidades indicadas, contentas con la paz que les producía mi política, remitieron originales al Ministerio las actas, ratificando su lealtad y obediencia." Otro cargo que Rivera hace a Ferrera es el de que siguió en sus relaciones con San Martín, a quien aconsejaba que, para revolucionar Honduras, cortase sus relaciones con el Ejecutivo del Estado y dirigiese sus comunicaciones a las municipalidades, excitándolas a levantarse. Rivera logró, merced a su vigilancia, mantener la paz en Honduras cuando estaba rodeado de Estados en convulsión.

El senador presidente de la República, don José Gregorio Salazar, fundado en la autorización del Congreso, dictó un decreto designando la ciudad de Sonsonate para la futura residencia de las autoridades federales. La traslación de estas a dicha ciudad se efectuó el 5 de febrero, con desagrado de San Martín. Allí se hizo cargo de nuevo el general Morazán, el 1.° de marzo, de la Presidencia de Centroamérica.

El 11 del mismo mes, nombró Rivera ministro-tesorero del puerto del Tigre a don Simón Rivas. Este se quejó, pocos días después, de que el comandante de La Unión dio salvoconducto para el interior de El Salvador —en contravención a lo convenido con los gobiernos de los Estados— a los morenos que se le habían enviado para las obras del puerto y que se habían fugado. Rivera hizo al Gobierno de El Salvador la reclamación correspondiente para que diera sus órdenes a efecto de hacer respetar las providencias del de Honduras. Entretanto, el comandante de Choluteca, por orden de la Comandancia General del Estado, puso a la orden de Rivas una escolta para la guardia del puerto.

El 14 de marzo se instaló la Asamblea Ordinaria con los diputados Francisco Márquez por Santa Bárbara, Juan Antonio del Águila por Olancho, Trinidad Estrada por Tegucigalpa, Francisco Moncada por Cantarranas, José Trinidad Reyes por Los Llanos y Dionisio Matute por Nacaome. Fueron elegidos presidente de ella el diputado Márquez, y secretarios los diputados Reyes y Estrada.

Declarada la instalación y señalando el 15 para la apertura de las sesiones, los representantes, precedidos del Cuerpo Municipal de Comayagua, se dirigieron a la Iglesia Catedral y, prosternados ante el Supremo Legislador del Orbe, se cantó un solemne Te Deum en acción de gracias, con asistencia del cura párroco.

El 15, al ser aprobada el acta anterior, recibió aviso la Asamblea de que el Jefe Supremo se hallaba ya en su edificio con el objeto de pronunciar la arenga de estilo. El Presidente nombró la comisión que debía salir a recibirlo. Entró con ella, y habiendo ocupado el lugar que le correspondía, Rivera leyó su Mensaje, expresando su regocijo porque se había logrado la reunión de la Asamblea, aunque tarde. Indicaba que, entre los grandes asuntos que le estaban reservados, era el primero el de reformas constitucionales, en el que era una la voz de Centroamérica; y entre los demás, recomendaba el de la administración de justicia que estaba paralizado, el de organización de la hacienda pública como base principal en que debía afianzarse el Gobierno y el de arreglo de la libertad de imprenta conforme a las bases dadas por el Congreso Federal en 17 de mayo de 1832 para evitar los abusos que se cometían en este santo establecimiento. Y concluía manifestando que, a pesar de las ocurrencias en el Departamento de San Miguel que por nuestra situación limítrofe habían tenido que tocar con Honduras, no se había alterado la tranquilidad pública.

La Asamblea funcionó hasta el 14 de mayo, habiendo dejado realizada una importante labor. Nombró Magistrados de la Corte Superior de Justicia por no haber resultado elección de hecho y el Tribunal quedó instalado; declaró nulas, por falta de facultades, todas las leyes y decretos emitidos por el Consejo con carácter legislativo y judicial; estableció la separación de atribuciones de los poderes del

Estado; decretó que los Consejeros de Estado y Ministros de la Corte Superior de Justicia se renovarían por mitad cada año, y en el primero la suerte decidiría los que debían salir; decretó que el Consejo Representativo se formaría de un Consejero por cada Departamento, conforme a los artículos 33 y 35 de la Constitución del Estado, realizándose hasta entonces la reforma que de hecho pretendía Lindo en 1826; reformó el título V de la Ley de Justicia, dictada el 20 de febrero de 1833; reconoció a los eclesiásticos secularizados el derecho de herencia como todo ciudadano; declaró que no podrían obtener ningún destino en el Estado los que hubiesen administrado caudales de la hacienda pública sin que presentaran la cancelación de sus cuentas; mandó que toda orden del Gobierno fuera firmada por el Jefe Supremo y autorizada por su Ministro; derogó en parte el Decreto que mandó crear veinticinco mil pesos en vales para el cubierto de las alcabalas marítimas y ordenó que se pagaran los derechos de aduana con los tercios de moneda vieja y uno con la provisional, Decreto que no sancionó el Consejo pero que fue ratificado; dispuso que podrían venderse a un solo comprador hasta cien cuadrados de tierras baldías, derogando así un artículo de la ley de 29 de marzo de 1829; declaró vigente la Ordenanza de Intendentes de 1783 en lo que no se opusiera a la Constitución y demás leyes; decretó que la deuda del Estado fuera pagada en tierras que le pertenecieran, si esto se admitía por los acreedores, pero no pudiendo darse a ninguno de éstos más de los cien cuadrados que podían venderse; mandó abrir una escuela de música en Comayagua; aprobó el proyecto de fundar cerca de (San Pedro) Sula una colonia de mil familias europeas; dictó medidas para dar impulso a la enseñanza primaria y expidió la Ley reglamentaria de libertad de imprenta (11). A propósito de esta ley dijo don Victoriano Castellanos, Presidente de la Asamblea, en el discurso de clausura: "Antes de vuestra reunión era la imprenta una sentina de impureza, el órgano de las pasiones exaltadas, un medio de calumniar impunemente y de vulnerar el honor de los ciudadanos, un oscuro latrocinio de la fama y del público aprecio de los más virtuosos, y el más criminal y el más cobarde podía insultar y acusar hasta la misma virtud. Mas vosotros los dejáis bajo un régimen que hará para siempre vuestro honor. Esta libertad, el don más precioso de nuestro sistema, sólo será ya un coercitivo de los abusos, un dique que contenga el poder en sus justos límites; una fuente de ilustración y el estímulo más poderoso para el verdadero honor".

Nada decretó la Asamblea sobre reformas constitucionales.

El 11 de mayo fue atacado el cuartel de San Salvador, según se dijo con el objeto de extraer al coronel Máximo Menéndez, a quien San Martín había hecho prender. Los asaltantes fueron rechazados y Menéndez pereció asesinado. El mismo día se pronunciaron San Vicente y Apastepeque y el siguiente Zacatecoluca. Indignado Morazán, dictó un Decreto en que excitó a los Gobiernos de los Estados a prestar en caso necesario los auxilios de hombres y dinero que hubiera menester el Ejecutivo y pidió al Congreso que trazara al Gobierno la marcha que debiera seguir.

El Congreso acordó la traslación de las autoridades federales a San Salvador, con el objeto de que existiera allí un poder fuerte que restableciera el orden y el imperio de las instituciones. Morazán llegó a aquella ciudad el 6 de junio con la fuerza federal y el 12 firmó con San Martín un Decreto suspendiendo toda hostilidad entre las fuerzas del Gobierno y las de los pueblos que se habían sustraído a la autoridad del Jefe del Estado y concediendo una amplia amnistía. Por desgracia, San Martín no llevaba a bien la permanencia de las autoridades federales en San Salvador y, aunque había ofrecido que se renovarían las autoridades del Estado, no estaba dispuesto a cumplir el ofrecimiento. Hizo salir sus fuerzas a Cojutepeque, al mando del coronel José Dolores Castillo, y pocos días después el mismo San Martín se dirigió a la misma ciudad, engrosando sus fuerzas en ella y en la de San Vicente.

Rivera, por su parte, excitó al Gobierno del Estado de Guatemala para que, mediando con el Ejecutivo Federal, lo interesara en la pacificación del Estado de El Salvador, manifestándole al mismo tiempo que se tenían datos respecto de las miras del Jefe de este último Estado, dirigidas a revolucionar el de Honduras y el de Nicaragua.

El Gobierno de Guatemala contestó que ya se había dirigido al Ejecutivo Nacional y a las autoridades de El Salvador para que el primero se interesase en la pacificación y las segundas hiciesen dimisión de sus destinos, procediendo a una renovación total de funcionarios, y que últimamente había manifestado al Gobierno Federal que, si agotados los medios de moderación y suavidad, no era posible obtener la pacificación deseada por la obstinada resistencia que opusieran las armas de Cojutepeque, el Gobierno de Guatemala, con todo su Estado, con todas sus fuerzas y con cuantos elementos estuvieran a su alcance y que desde luego ponía a su disposición, concurriría en el momento a sostener a todo trance las autoridades supremas de la República y las disposiciones de éstas en particular. Finalmente le decía que jamás vería con indiferencia los planes que fueran dirigidos a trastornar el Estado de Honduras y por cuya prosperidad hacía votos constantes.

Antes de recibirse esta contestación se habían introducido algunas cuadrillas armadas de El Salvador al Departamento de Gracias y otras amenazaban por el rumbo de Goascorán y Choluteca. Rivera tomó medidas de seguridad, y el Consejo a quien dio cuenta de ellas les dio su aprobación y autorizó a aquél para hacer cuanto fuera necesario a fin de mantener el decoro y respetabilidad del Estado de Honduras.

San Martín, con las tropas que había reunido en Cojutepeque, se situó en Texamango, cuatro leguas distante de San Salvador. El vicepresidente don José Gregorio Salazar, que ejercía el poder por haberse vencido el 16 de junio el período de Morazán, viendo amenazada la existencia del Gobierno Nacional, dispuso trasladarse a Santa Ana y ordenó la defensa de San Salvador, poniendo las fuerzas de la Federación a las órdenes del senador Carlos Salazar, a quien confirió el cargo de Jefe Provisional del Estado. El 26 estaba de regreso el Gobierno, pues el 23 había atacado San Martín a San Salvador y había sido completamente derrotado por las fuerzas federales dirigidas por Morazán. Poco después se le capturó en Jiquilisco y se le expulsó del país. Don Carlos Salazar devolvió la Jefatura del Estado, la cual quedó a cargo del vicepresidente de la República. La paz quedó así restablecida.

En abril había recibido Rivera noticias de que algunas familias del establecimiento de Belice intentaban posesionarse de la isla de Roatán bajo la protección del Superintendente del mismo. Rivera ordenó al Ministro General que dirigiera una nota a aquél, manifestando el hecho con el carácter y dignidad debidos, por pertenecer dicha isla al territorio de Honduras. El Superintendente contestó en mayo que el aviso recibido por el Gobierno carecía de fundamento, pues nadie se le había presentado con semejante pretensión; y que posteriormente al recibo de la nota, llegó a Belice un individuo que decía haber ido a establecerse a Roatán a consecuencia de una invitación de uno de los comandantes de Trujillo, pero que se había retirado de allí por las dificultades que le había puesto el actual comandante.

Rivera procuraba contribuir a la ilustración general por cuantos medios estuvieran a su alcance. Por ello dispuso la reimpresión del Código Penal de Livingston en la Imprenta del Estado, debiendo hacerse el pago al Director de ésta, de los sueldos que él devengaba como depositario del Poder Ejecutivo. Saldrían dos pliegos a la semana, los suscriptores pagarían dos reales por pliego, y como la obra tendría veinticinco, pagaría cada uno seis pesos dos reales que se entregarían en la Tesorería del modo que dispusiera el Gobierno. Con ello se proponía "sembrar luces y conocimientos políticos para destruir el crimen e inmoralidad y hacerle algún ingreso al Tesoro Público que se hallaba casi exhausto y con muchas atenciones". Concluida la publicación de esta obra se continuaría con la del Curso de Economía Política por Flores Estrada y las más que se presentaran de igual reconocimiento.

Para la suscripción hizo dirigir el 1.º de junio una circular a los Jefes Intendentes, manifestándoles que el Gobierno había dispuesto que se aplicara un ejemplar a cada uno de los individuos de los Altos Poderes del Estado, sus Secretarios, Jefes de Sección del Ministerio, Intendente y Comandante General, Padre Provisor, Jefes Políticos, Ministros de Hacienda, inclusive los de aduanas marítimas, primeros empleados de la renta de tabacos, Comandantes de los puertos y eclesiásticos beneficiados, aunque fueran interinos.

¿No es verdad que, aunque la suscripción fuera obligatoria, la obra era benéfica? ¿Y no es meritorio el rasgo de generosidad y desprendimiento del Jefe del Estado, al tomar sobre sí los gastos de reimpresión? ¿Y no se ve en este solo hecho aparecer en este hombre el civilizador?

El 12 de mayo se había convocado a la Asamblea, que aún estaba reunida, a sesiones extraordinarias, para estos tres puntos: 1.º para que diera la ley reglamentaria de hacienda; 2.º para que formara el Código Penal; y 3.º para que contestara lo conveniente sobre los puntos acerca de que el Congreso Federal pudiera excitar al Gobierno en asuntos de reformas, puesto que la Legislatura actual no le había designado reglas a ese efecto. La Asamblea había contestado el 14, día en que cerró sus sesiones, que para formar los Códigos eran necesarios meses, luces y recursos; que para hacer efectivas las penas, desgraciadamente no había presidios, trabajos públicos, ni regularidad en las prisiones; que para reglamentar la hacienda se había trabajado y meditado mucho, y no era posible hacer más que aprobar la ordenanza de intendentes; y que para reforma se advertía en esta materia que los pueblos no estaban dispuestos a innovaciones ni los que manejaban la cosa pública, uniformes, de modo que al primer llamamiento sobre reformas se escandalizaban. Y fuera de esto, que la Asamblea podía demorarse gustosamente si se aguardara el resultado de las determinaciones del Congreso Federal por un mes, pero esperaba lo contrario, y por eso al cerrar sus sesiones acordó manifestarlo así al Consejo. Este, en 12 de julio, acordó publicar lo anterior en el Boletín Oficial, con el objeto de que fueran notorios los deseos que tuvo de que el Cuerpo Legislativo, ocupándose en los tres asuntos indicados, no sólo hiciera feliz la generación presente del pueblo hondureño, sino también las venideras, que con gratos recuerdos honrarían su memoria. En todo esto obraba la influencia de Ferrera como Presidente del Consejo.

La hacienda pública seguía en estado deplorable, y esto fue causa de que Rivera dictara el 1.º de septiembre un Decreto por el que mandó que todos los bienes que se hallaran en depósitos judiciales por estar en litigio su propiedad, se introdujeran en la Tesorería General del Estado, en donde se custodiarían en el mismo concepto, procediendo éste por sí o por medio de los Jefes Intendentes a la subasta de ellos, previa tasación de su valor por peritos; quedarían afectas a la indemnización todas las rentas y propiedades pertenecientes a la hacienda pública. Este Decreto fue improbado en noviembre por la Asamblea Extraordinaria.

El 29 de septiembre se celebró en Comayagua el aniversario de la Independencia. Desde la víspera a las 12 m., hubo dobles salvas de artillería. Puertas y ventanas fueron adornadas con vistosas colgaduras, y toda la ciudad se puso de gala. Llegaron muchas gentes de los pueblos circunvecinos y la mayor parte de las autoridades locales de los del Departamento. Hubo solemne misa de gracias, y estuvo expuesto el Divinísimo todo el día en la iglesia. El pabellón nacional estuvo custodiado por una guardia militar en la casa consistorial, adonde acudieron los Supremos Poderes del Estado y demás autoridades, y luego fue paseado por las calles de la ciudad. La festividad terminó en un sarao público, en el que se entonaron cantos patrióticos. En Omoa y Trujillo se celebró también con fausto la Independencia.

El 14 de noviembre se reunió en sesiones extraordinarias la Asamblea Legislativa, convocada, entre otras causas, con motivo de las perturbaciones de los Estados vecinos.

Uno de los asuntos de que debía tratar era el de la elección de Senador propietario y suplente a la Federación. Procedió al escrutinio, y no resultando elección de hecho conforme a la ley del Estado de 23 de febrero de 1833, eligió entre los candidatos Senador propietario al Presbítero ciudadano José Antonio Murga y suplente al ciudadano Máximo Orellana.

El Gobierno Nacional había visto con desagrado el Decreto de 19 de mayo de 1833, por el que Honduras había reasumido la administración de los puertos de Omoa y Trujillo y de la renta de tabacos; y comisionó al general Morazán para venir a Honduras a procurar que se derogara. La Asamblea, con vista de la exposición del alto comisionado, devolvió al Gobierno Federal los puertos y alcabalas marítimas que había tomado para evitar la disolución del Gobierno y conservar la integridad del territorio en caso de ser constituida la República bajo el sistema de confederación que con rapidez se había generalizado.

La Asamblea dictó otros decretos; uno autorizando al Gobierno para que exigiera de los habitantes del Estado que tuvieran capital productible un empréstito de cinco mil pesos, a razón de uno hasta diez pesos a cada propietario, empréstito que sería por una sola vez y se aplicaría solamente a sostener la guarnición de Comayagua y la de Tegucigalpa; otro en que dividió el Estado en cuatro Departamentos; otro en que declaró libre la siembra de tabaco en el Estado, estableciendo la pensión de cuatro pesos por cada cuatro mil matas, siendo este el mínimo de dicha siembra, y el máximo de cien pesos por cada cien mil matas; otro en que declaró que los hijos ilegítimos de los clérigos, habidos con mujeres libres, quedaban a la par de los naturales de los seculares; y otros en que autorizó al Consejo para aumentar el número de sus sesiones ordinarias para el solo objeto de ejercer su atribución de Tribunal de Cuentas.

La víspera de cerrar sus sesiones trató de una iniciativa de reforma propuesta por la Legislatura del Estado de El Salvador, y resolvió no aceptarla, como se ve de la nota siguiente:

"Ciudadano Jefe de Sección:

"Pusimos en conocimiento de la Asamblea Extraordinaria la invitación de la Legislatura del Estado del Salvador, datada el 28 de octubre, que Ud. nos dirigió de orden del Gobierno con fecha 29 del mes anterior, contraída a los puntos de reforma del sistema federativo que actualmente rige, y convencida de que, no siendo posible que los pueblos de la República adopten otra especie de gobierno que el que han sostenido a costa de tantos sacrificios y sellado repetidas veces con el de su sangre, y de que en él han visto sus imprescriptibles derechos de libertad, igualdad, seguridad y propiedad identificados con su independencia usurpados tantos años por la antigua dominación, cree que, para que el Gobierno de la República marche sin los inconvenientes que más de una vez han amenazado su disolución, y de conformidad con la opinión general, las reformas se contraigan a designar con precisión las atribuciones del Poder Nacional y particulares de los Estados, cuyo vacío, que sólo debiera ocuparlo la ley, ha sido disputado con la fuerza por uno y otro Gobierno; a simplificar el sistema establecido para lograr economizar hombres y consumos, y a equilibrar en el modo posible la representación de los Estados.

"Deferente la Asamblea a unos principios que dan estabilidad al sistema y deseosa de que adoptados desaparezca todo motivo de resentimiento que pueda turbar la paz y la tranquilidad de que hasta ahora han estado privados los pueblos, a su juicio es peligroso el medio que se propone de la reunión de dos Estados bajo un solo régimen y administración, por los inconvenientes que presenta esta medida, cuyos resultados vendrán a ser los mismos que ha sentido la República.

"Honduras posee un vasto terreno, y la diseminación de sus pueblos hace que sus costumbres no sean idénticas, y de aquí la inconformidad de algunas leyes que no están en contacto con sus intereses sociales; y lejos de evitarse este inconveniente, sería progresivo si fuese regido bajo una sola administración con el del Salvador y contrario al sistema federativo que, por su naturaleza, exige leyes conformes a las costumbres, carácter y localidad de los pueblos que la reciben, y es por esto que no adopta el medio que se propone en el proyecto citado para ver realizados los principios a que ha sido deferente.

"Estos son los votos de la Asamblea Extraordinaria, y al transcribirlos a Ud., de su orden, le manifestamos la alta consideración con que ha visto el proyecto de reformas constitucionales emitido por la Legislatura del Estado de El Salvador, para conocimiento del Jefe Supremo y de aquel Cuerpo Legislativo a quien tenemos el honor de ofrecer nuestros más reverentes respetos. Y Ud., ciudadano Ministro, dígnese admitir lo positivo de nuestra amistad y aprecio. D.U.L.-Comayagua, diciembre 10 de 1834.–José Santiago Bueso, Diputado Secretario.–Francisco Moncada, Diputado Secretario".

La Asamblea concedió licencia de veinte días a Rivera para ir a Nacaome a evacuar negocios personales de sumo interés; no dijo a quién debía entregar el mando.

Habiendo la Asamblea tomado en consideración los asuntos para que había sido convocada, y considerando que de seguir reunida por más tiempo aumentaría los gastos del Estado, cuyo Tesoro estaba exhausto, cerró sus sesiones el 11 de diciembre.

En esta última sesión, el Presidente de ella, don Dionisio Matute, pronunció un discurso en que se refiere al peligro que amenazó a Honduras durante la guerra en el Estado de Nicaragua y el de El Salvador, peligro que el Jefe del Estado don Joaquín Rivera supo conjurar con sus luces, su moderación y su tino; expresó que estaba para llegar la aurora del día feliz de una reforma general, y manifestó que se debía confiar en que "el ilustrado y benemérito Jefe que llevaba las riendas del Estado, guiado siempre dentro de la órbita de sus atribuciones, conservaría la paz y, sosteniendo el imperio de la ley, afianzaría la libertad, igualdad y propiedad, sagradas garantías del ciudadano".

A fines de este año apareció en Nueva York un nuevo folleto del falso Marqués de Aycinena, intitulado Otras reflexiones sobre reforma política en Centroamérica, el tercero que escribió y en el que reconoció ser el autor de los anteriores. En él sostiene la peregrina tesis de que Federación y Confederación son una misma cosa; proclama como una virtud el localismo y excita a la abolición del gobierno existente, citando perversamente para ello esta máxima de Lafayette: "El más santo de los deberes es alzarse contra una administración ruinosa." A su juicio, se debía poner en posesión al pueblo de cada Estado de los derechos que le correspondieran como a verdadero Estado; y esto incumbía a las Legislaturas.

El resultado de esta propaganda, a la que el doctor Gálvez, Jefe de Guatemala, contribuía, había de ser el que fue, estimuladas como quedaron las ambiciones de todos los que aspiraban al poder en cada uno de los Estados.

CAPÍTULO VIII: RIVERA, JEFE DEL ESTADO

SUMARIO: Erupción del volcán de Cosigüina.—Morazán, reelegido Presidente de la Federación.—Distrito Federal.—Decreto de reformas a la Constitución.—La Asamblea de Honduras.—Ruinas de Copán.—Un acto de generosidad.—Proyecto de reformas a la Constitución del Estado.—Receso de la Asamblea.—Licencia al Vicejefe para separarse del Consejo.—Rivera deposita el Poder Ejecutivo en el Presidente del Consejo, D. José María Bustillo.—Convócase al Cuerpo Legislativo a sesiones extraordinarias.—Vuelve Rivera a sus funciones.—Acuerdo de 8 de octubre de 1835.—Regreso del Vicejefe.—Sucesos de Costa Rica.—Perturbaciones en El Salvador.—D. Felipe Jáuregui en Honduras.

1834 a 1835

Un acontecimiento extraordinario llenó de terror y espanto a las gentes en los días 20 al 23 de enero de 1835.

El amanecer del día 20 fue espléndido; el sol se levantó refulgente y majestuoso, y nada hacía pensar ni remotamente en una amenaza de la naturaleza. A las ocho de la mañana un sordo retumbo puso en cuidado a los habitantes del puerto del Tigre. El jefe del puerto, acompañado de varias personas, se embarcó, deseoso de investigar lo que pasaba, en dirección a la costa de Chinandega, de donde se elevaba una masa enorme de humo de configuración hermosísima que, a la vez que inspiraba admiración, infundía temor. Situáronse los exploradores como a siete u ocho leguas de distancia, y observaron que aquella gran pirámide de humo tenía su asiento en la falda del cerro de Cosigüina, hacia el lado en que se hallaba, y que la boca de donde salía la nube de humo arrojaba culebrinas de fuego que se elevaban hasta la altura de aquélla. Pronto empezaron a descender del derredor de la nube una porción de materias parecidas a un granizo muy grueso y piedrecillas de tamaño mayor al del cacao, semejantes a la piedra pómez, y la masa siguió extendiéndose hasta cubrir el sol.

Los exploradores se vieron obligados a retroceder al puerto a toda prisa.

A las nueve y media un retumbo fortísimo se prolongó en todas direcciones; siguióle un temblor tremendo, y luego se oscureció totalmente el horizonte, cayendo una lluvia de arena gruesa, con más numerosos y formidables truenos y exhalaciones que los de la más furiosa tempestad de invierno.

A las once la oscuridad era tal que una luz no se advertía a la distancia de diez pasos. Siguieron los temblores, la lluvia y las exhalaciones hasta como a las tres de la mañana del 21, en que sopló un viento del nordeste, a favor del cual dos horas más tarde se podían distinguir los objetos a la distancia de doscientos pasos. A las tres de la tarde hubo un temblor más fuerte que los que continuamente habían estado agitando la isla, y volvió la lluvia de arena.

El 22 hubo una escasa luz que principió a las cuatro de la tarde y concluyó a las seis. Calmóse la lluvia y se suspendieron los truenos y temblores; pero a las dos de la mañana del 23, se oyó un retumbo más terrible que los anteriores, al que sucedió un gran ruido, semejante al de las avenidas de un gran río que corriera entre riscos y peñas, y con cortos intervalos se repitió cuatro veces el mismo trueno acompañado de violentos temblores. La oscuridad volvió a ser total; la lluvia, truenos y exhalaciones se redoblaron y todo en aquel momento conducía casi a la desesperación.

Por fin, a las tres de la mañana del 24 se dejaron ver la luna y algunas estrellas y más tarde apareció el sol que se veía opaco por el estado en que había quedado la atmósfera.

Esta es, en extracto, la relación que de este acontecimiento envió al Gobierno el Ministro Tesorero del Puerto del Tigre, D. Simón Rivas.

Una relación publicada en Comayagua dice que el 20, como a las cinco de la mañana, se advirtieron algunos retumbos que cesaron al mediodía, y desde las cuatro de la tarde hasta las cinco del siguiente dejó de verse el sol a causa de una nube de tierra que se levantó al lado del Sur, la cual en continua lluvia había caído sobre la mayor parte del territorio del Estado. La noche fue tenebrosa. El 23 a la una de la mañana habían vuelto a repetirse fortísimamente los mismos retumbos, continuando con lentitud por todo el día, habiéndose ocultado la luz del sol por otra nube que se advirtió al mismo lado del Sur, formada de una espesa humazón.

De Juticalpa informaron que hacia la parte Sur, de donde salían los estruendos, se había formado una densa nube que al primer aspecto parecía ser una tempestad de agua, pero a los pocos momentos se fue disipando en cenizas que cubrieron la ciudad, los campos y los bosques, de donde los animales huían espantados.

En Omoa cayó también la lluvia de polvo, habiendo amanecido la atmósfera el 21 algo opaca, viéndose la costa occidental del puerto cubierta de una nube oscura y roja. Como a la una de la mañana del 23, despertó al vecindario una detonación como la de un tiro de a 24 que se hubiera disparado de la fortaleza; tal fue la activa vibración que produjo en el pavimento de las habitaciones. Las detonaciones siguieron como si fueran tiros de a 4 y de a 6, mezclados de cuando en cuando con el estruendo de bombas y obuses y tiros de a 24. El Superintendente de Belice creyó las detonaciones producidas por el fuego de algún pirata e hizo salir dos buques de guerra para favorecer a los que creía atacados. Luego pensó que pedían auxilio algunas naves al naufragar; contestó con los siete tiros de ley y envió el auxilio.

En Tegucigalpa se vio aparecer por el Sur una especie de nube muy cuajada, y a las ocho y media de la mañana se sintió un temblor. Una espesa nube se extendió sobre el Oriente que dejó el sol como eclipsado; a las tres y media de la tarde, el día parecía noche con luna opaca, y a las cinco era todo noche tenebrosa. Desde antes de principiar la oscuridad comenzó a caer una especie de arena muy menuda que parecía ceniza. El 23 poco antes de la una de la mañana se oyeron unos retumbos tan estrepitosos que figuraban estallidos de cañón de a 32. Entretanto hubo varios temblores, pero no causaron ninguna ruina.

Las relaciones de lo sucedido en Choluteca, Nacaome, Goascorán, Aramecina y La Unión son semejantes a las anteriores. Fue de notar que los efectos del terremoto se sintieron menos hacia el lado de Nicaragua, pues la lluvia de polvo sólo alcanzó a algunos puntos de Segovia y por el lado occidental hasta la cuesta de La Leona.

El ruido de los truenos de la erupción del Cosigüina se oyó al mismo tiempo en Chiapas y el Petén, en Guayaquil y en Quito, habiendo alcanzado la lluvia de polvo hasta Oaxaca.

El Jefe del Estado D. Joaquín Rivera dio órdenes a todas las autoridades del tránsito hasta Choluteca y Goascorán para auxiliar a los damnificados. La Municipalidad de Choluteca se mostró muy reconocida a la de Tegucigalpa por haber acudido con el mayor interés en socorro del vecindario.

El 2 de marzo de 1834 había fallecido el sabio hondureño D. José Cecilio del Valle. Su muerte ocurría en momentos en que estaba electo

Presidente de la República de Centroamérica. En estas circunstancias sólo se pudo hacer la declaratoria de elección del Vicepresidente, la que recayó en el ciudadano José Gregorio Salazar, quien como ya queda dicho se hizo cargo del Ejecutivo Nacional el 16 de junio; y se expidió un nuevo Decreto convocando a elecciones de Presidente. Resultó reelecto popularmente el General D. Francisco Morazán, y así lo declaró el Congreso Federal en San Salvador por Decreto de 2 de febrero de 1835, habiendo señalado el 14 para la posesión.

Este Congreso declaró el 7.° distrito federal la ciudad de San Salvador con el territorio y pueblos anexos a ella que expresaba el Decreto de la Asamblea de aquel Estado, del 28 de enero. Si el distrito federal se hubiera creado al dictarse la Constitución Nacional de 22 de noviembre de 1824, el Gobierno no habría quedado expuesto a que se le llamara huésped de un Estado y, como muy bien dice el Dr. Montúfar, se "habrían economizado muchas cuestiones y alejado pretextos para verter mucha sangre; el año de 1835 la medida no era inútil, pero sí tardía".

El 13 decretó el mismo Congreso una nueva Constitución, reformando la de 1824. Las principales reformas eran las siguientes:

No se alteraba el título I que trata de la Nación y de su territorio.

En el título II se sustituyó el artículo 11 que declaraba que la religión era la católica con exclusión del ejercicio público de cualquiera otra, por este:

"Los habitantes de la República pueden adorar a Dios según su conciencia. El Gobierno Federal los protege en la libertad del culto religioso. Mas los Estados cuidarán de la actual religión de sus pueblos, y mantendrán todo culto en armonía con las leyes".

En el título III que habla de la elección de las supremas autoridades federales, mediante tres escalas electorales, se suprimió una de éstas, no habiéndose adoptado la elección popular directa por no haber sido aceptado por los Estados un Decreto anterior que la establecía.[11]

---

[11] La Asamblea de Honduras desechó el decreto federal de 22 de mayo de 1833, no porque estableciera el sistema directo de elecciones que ella había adoptado el 8 de febrero del mismo año, sino porque exigía en los sufragantes la cualidad de saber leer, del año de 1836 en adelante, lo que no consideraba un incentivo para aprender, sino un medio de excluir de la votación a una porción no pequeña de centroamericanos, a quienes se dejaba reducidos a la nulidad: Decreto de 24 de abril de 1834.

En el título IV se hicieron las siguientes reformas:

Art. 55.—El Poder Legislativo de la Federación reside en un Congreso compuesto de dos Cámaras: la de Representantes y la del Senado. La primera de Diputados electos por las juntas de distrito, y la segunda de Senadores nombrados por las Legislaturas de los Estados.

Art. 56.—Las dos Cámaras son independientes entre sí.

Art. 57.—Se reunirán sin necesidad de convocatoria el día 1.º de febrero de cada año; sus sesiones durarán tres meses, y sólo podrán prorrogarse uno más.

Art. 58.—Abrirán y cerrarán sus sesiones al mismo tiempo; ninguna de ellas podrá suspenderlas ni prorrogarlas más de tres días sin la sanción de la otra ni trasladarse a otro lugar sin el convenio de ambas.

Art. 59.—Para toda resolución se necesita la concurrencia de la mayoría absoluta de los miembros de cada Cámara y el acuerdo de la mitad y uno más de los que se hallaren presentes; pero un número menor podrá obligar a concurrir a los ausentes del modo y bajo las penas que designen los reglamentos.

Art. 60.—Los Representantes y Senadores no podrán ser empleados por el Gobierno durante sus funciones ni obtendrán ascensos que no sean de rigurosa escala.

Art. 61.—En ningún tiempo ni con motivo alguno los Representantes y Senadores pueden ser responsables por proposición, discurso, debate en las Cámaras o fuera de ellas sobre asuntos relativos a su destino; y durante los meses de sesiones y uno después, ser demandados civilmente ni ejecutados por deuda.

En el título VI se reformaron los artículos 89 y 90, disponiéndose que el Senado se renovará por cuartas partes, eligiendo las Legislaturas un Senador cada año, y que uno solo de los Senadores de cada Estado podía ser eclesiástico, no siendo permitido que entraran al Senado los empleados del Gobierno Federal.

En el título VII, que trata del Poder Ejecutivo, no se hicieron variaciones sustanciales.

Respecto al Poder Judicial se consignó este artículo:

"Esta Constitución y leyes federales que se hagan en virtud de ella y todos los tratados hechos o que se hicieren bajo la autoridad federal serán la suprema ley de la República, y los jueces en cada uno de los Estados están obligados a determinar por ellas, no obstante cualesquiera leyes, decretos u órdenes que haya en cualquiera de los Estados".

Y el artículo final decía:

"Aceptada por la mayoría de los Estados la presente reforma, será ley constitutiva de la República." (Montúfar, Reseña Histórica, tomo II.)

Estas reformas son importantísimas.

Es lástima que no se haya adoptado en ellas la elección popular directa que ya Honduras tenía establecida; pero algo era la supresión de una de las tres escalas.

La organización del Poder Legislativo, confiriendo el ejercicio de éste a un Congreso compuesto de dos Cámaras, la de Representantes y la de Senadores, y no a la de Representantes solamente como quedó en la Constitución de 1825, ofrecía mayores garantías de acierto en la formación de las leyes y le restaba al Senado gran parte de la autoridad con que contaba, con la que podía embarazar la acción del Poder Ejecutivo en perjuicio de los intereses públicos.

El establecimiento de la incompatibilidad en el ejercicio simultáneo de las funciones legislativas y las gubernativas es la esencia del sistema republicano de gobierno.

Y las prescripciones de que sobre todas las leyes deberían estar la Constitución y las leyes federales, se dirigían a mantener la unidad y la armonía entre el Poder nacional y los poderes de los Estados, sin lo cual la existencia de la Nación sería imposible.

Pero el dictamen que en la Asamblea de Guatemala emitieron los Diputados D. José Antonio Azmitia y D. José Mariano Rodríguez fue desfavorable al proyecto de reformas, y se fundó principalmente en la consideración de que era preciso dejar a los Estados la mayor libertad posible en todos los ramos de su administración y sobre todo para que acordaran sus leyes respectivas en armonía con sus peculiares circunstancias, lo que deja ver claramente que se quería ir al fraccionamiento de la República.

Cuando el pliego de reformas llegó a Comayagua, la Asamblea de Honduras que, desde el 2 de enero, debió inaugurarse, aún no estaba reunida a pesar de las providencias dictadas al efecto por la junta preparatoria y por el Gobierno. La Asamblea se instaló el 19 de mayo con los siguientes Diputados: Dionisio Matute por el partido de Nacaome, Presbítero Faustino Luque por el de Santa Bárbara, Joaquín Aguiluz por el de Choluteca, Matías Argüello por el de Yoro, Liberato

Moncada por el de Los Llanos, Francisco Moncada por el de Cantarranas, León Rosa por el de Tegucigalpa y J. Santiago Bueso por el de Comayagua. Formaban la Directiva: Presidente, el Diputado Matute; Secretarios, los Diputados Bueso y Argüello. El 22 leyó Rivera su Mensaje ante ella.

Rivera comenzó por quejarse de la tardanza en la reunión, porque su falta, según decía, "era la desesperación más inaudita para el Gobernante que, rodeado de dificultades, deseaba un camino recto para dirigir sus operaciones y lo era para el ciudadano que ansiaba por la felicidad de su Patria"; y añadió que "aquella situación triste y desconsoladora era capaz de hacer exasperar a la paciencia misma"; pero sus inquietudes y temores se calmaron al ver a los Representantes reunidos en Asamblea ordinaria, y los felicitó por su instalación.

Luego, dijo:

"Uno de los asuntos de que debéis conocer y el que exige toda vuestra prudente meditación, es el de reformas de la Constitución Federal decretadas por el Congreso después que, disuelto en 20 de junio de 1834, se reorganizó en 9 de enero del presente año, a pesar de las dificultades que se presentaron para esta reorganización y que sólo pudieron allanar la actividad y energía del Ejecutivo Nacional.

"Con vuestros votos, ciudadanos Representantes, en materia tan delicada, vais a cooperar en la felicidad o desgracia de la República. En toda ella existe el deseo de una reforma capaz de consolidar el sistema federal adoptado, y a la sombra de éste, hubo en El Salvador y Nicaragua pronunciamientos que dirigiendo sus miras a objeto muy distinto, la demandaban con las armas en la mano, del momento y a su satisfacción, y hubo por consiguiente arroyos de sangre, muertos innumerables y asesinatos espantosos; pero por fin triunfaron la justicia, el valor y el patriotismo.

"Hoy en medio de la paz se trata de este interesante asunto y lo reclaman la razón y la experiencia adquirida a costa de muchos sacrificios. Vosotros, pues, sabréis meditar seriamente sobre él. Los pueblos se han sacrificado de todas maneras para sostener y defender el sistema federal. Ellos han depositado su confianza en los dignos Representantes que me escuchan, y éstos sabrán corresponder a sus comitentes. Yo no dudo un momento que vuestras resoluciones, dictadas con la prudencia, sabiduría y patriotismo que os caracterizan, tengan por resultado la cesación de los males que se han experimentado y la seguridad de la paz, de la libertad, de la igualdad y de la propiedad."

En el resto de su Mensaje, manifestó Rivera que esperaba por las resoluciones de la Asamblea ver organizada en su perfección la administración de justicia y la de hacienda, restablecido el crédito del Gobierno, y al hombre honrado y laborioso ocupar el lugar que la sociedad le señalaba; que la juventud tuviera establecimiento en que formarse para utilidad de la Patria; que las viudas y huérfanos y los padres ancianos que lloraban cada día la pérdida de sus esposos, padres o hijos recibieran la recompensa a que eran acreedores; que el soldado que por sostener a su Gobierno había perdido un brazo u otro miembro en la guerra, no padeciera la miseria a que estaba reducido por falta de fondos para socorrerlo; que los infelices que gemían en el Hospital bajo el peso de su desgracia recibieran alivio en ella; y que el funcionario que por razón de su empleo tenía que dedicarse a los negocios públicos, tuviera seguridad de percibir lo que la ley le señalara y no abandonara aquéllos o reducirse a la miseria, desentendiéndose de su escasa fortuna.

No le era posible presentar un cuadro halagüeño sobre la administración de las rentas del Estado, porque existían las mismas causas que otras veces lo habían impedido, siendo una de ellas la de su insuficiencia, tantas veces repetida ante los mismos Diputados; pero le cabía la gloria de asegurarles que el Estado gozaba de perfecta tranquilidad y que, a pesar de las agitaciones que padecieron los de Nicaragua y El Salvador, el de Honduras pudo librarse de la anarquía que le amenazó, por la inclinación de sus habitantes a la paz y al orden.

El 7 del mismo mes en que se había reunido la Asamblea hondureña, Costa Rica había aceptado las reformas a la Constitución Federal; Nicaragua las aceptó el 10. Guatemala habíalas rechazado, de conformidad con el dictamen de los señores Azmitia y Rodríguez, ya aludido. La Asamblea de El Salvador, convocada a sesiones extraordinarias para el 15 de abril, con el objeto de que conociera de ellas, las rechazó también.

La de Honduras dictó el 10 de junio un Decreto con el fin de oír el voto público sobre el gran negocio de las reformas constitucionales, y en cumplimiento del artículo 5.º del mismo, procedió a nombrar de entre sus individuos los que debían componer la Comisión permanente en él creada, para que recibiera y abriera dictamen sobre dichas reformas, con vista de los pliegos que remitieran las Municipalidades, empleados, corporaciones e individuos particulares del Estado a quienes el Gobierno pidiera sus votos. Los nombrados fueron los señores Faustino Luque y Matías Argüello. En la misma fecha dictó otro Decreto declarando que suspendería sus sesiones ordinarias el 19 para continuarlas el 1.° de septiembre. El Consejo negó su sanción a este Decreto, pero la Asamblea lo ratificó. Entonces el Consejo la convocó a sesiones extraordinarias. La Asamblea se reunió el 26 de junio, y en esta sesión, rectificando el Decreto de suspensión en mérito de las razones que le expuso el Jefe del Estado, declaró continuar reunida en sesiones ordinarias. Y siguió tratando de varios asuntos que le había sometido el Ejecutivo.

Desde el 22 de marzo había anunciado al Gobierno el Coronel D. Juan Galindo su próxima salida de la ciudad de Guatemala para las ruinas de Copán. Comisión científica de la raya de Honduras y Guatemala escribía como encabezamiento de sus comunicaciones. El 26 de abril dio aviso de haber llegado ese día a las ruinas. En la nota en que lo hizo se lee este párrafo: "La línea divisoria de los Estados de Guatemala y Honduras pasa por la hacienda de Caparjá, cuatro leguas antes de llegar a este punto; y así los vestigios de la antigüedad quedan enteramente dentro de los límites de este Estado." El Coronel Galindo carecía de facultades para el estudio de la línea divisoria, el que, por otra parte, no podía emprender sin documentos. Su afirmación al respecto carece, pues, de autoridad, fuera de ser equivocada, porque la distancia de las ruinas a la línea divisoria con Guatemala es mucho más del triple de lo que él indica. Rivera, el 12 de junio, ordenó que se le contestara que le era grato al Gobierno saber que se hallaba cumpliendo con los deseos del de Guatemala, y que para proporcionarle más comodidad había dispuesto que el Jefe Intendente del Departamento de Gracias le facilitara los auxilios posibles; excitando a Galindo a darle noticia del resultado de su comisión, diciendo en qué consistían los restos de la antigua ciudad de Copán.

No he hallado constancia de que el Coronel Galindo haya enviado el informe que se le recomendó. Consta sí que el 19 de junio es la fecha de una carta en que describe las ruinas de Copán, la que apareció en Londres en la publicación intitulada Transactions of the American Antiquarian Society, volumen II, páginas 543 a 550.

Antes de pasar adelante, hay que dejar nota de un acto de generosidad del Dr. Gálvez, Jefe del Estado de Guatemala. El Teniente Coronel del Ejército de Honduras, D. Lucas Esteves, había perdido la vista, de resultas de las heridas que recibió en la gloriosa batalla de Jaitique. Deseoso de curarse, emprendió viaje a la ciudad de Guatemala y llevó recomendaciones de Rivera para el Poder Ejecutivo de aquel Estado. El Dr. Gálvez, en obsequio de las recomendaciones y en atención a los distinguidos servicios de Esteves cuando el faccioso Domínguez osó invadir la República y subyugarla a la dominación de sus enemigos, le dispensó la mejor acogida y ordenó que se le alojara en una de las piezas más decentes de la casa de San Pedro en el Hospital General y que le suministraran los alimentos para él, dos hijos suyos y un criado, lo mismo que los remedios y curaciones, todo por cuenta del Gobierno. En nombre de éste se haría una recomendación expresiva a los doctores Lambur, Luna y Murga en favor de Esteves, a quien deseaba testificarle cuánto apreciaba sus servicios y el sentimiento que le causaba su actual situación. Desgraciadamente, el Dr. Gálvez había muerto desde el 21 de enero de 1834, pero Esteves recibió la mejor asistencia médica y los mayores cuidados.

Este acto de generosidad fue publicado de orden de Rivera en el Boletín Oficial del 15 de mayo, haciendo constar que el Gobierno, penetrado de iguales sentimientos, deseaba que los centroamericanos vieran la gratitud con que la patria sabía premiar a los defensores de sus libertades públicas, y que si Honduras no había podido hasta entonces hacerlo con los demás patriotas de la acción de Jaitique por la escasez de recursos, no perdería ocasión de darles pruebas inequívocas de la alta recomendación que les merecía su patriotismo.

El 31 de julio el Gobierno propuso a la Asamblea que se aumentara la representación en el Poder Legislativo, debiendo dividirse este en dos Cámaras y reunirse cada dos años; y que se aumentara el número de individuos del Tribunal Superior de Justicia. Acompañaba la tabla de elecciones que debían practicarse en el Estado, conformándola a la localidad y diseminación de los pueblos y fijando los lugares que ofrecían más comodidad para el ejercicio soberano de los actos electorales.

El Departamento de Gracias elegiría cuatro Diputados propietarios y cuatro suplentes, y se dividiría en cuatro distritos electorales, cuyas cabeceras serían respectivamente Gracias, Llanos de Santa Rosa, Sensenti y Erandique.

Olancho elegiría dos Diputados propietarios y dos suplentes por dos distritos cuyas cabeceras serían Manto y Zapota.

Choluteca elegiría igual número que Olancho, por dos distritos cuyas cabeceras serían Choluteca y Morolica.

Santa Bárbara elegiría igual número por dos distritos cuyas cabeceras serían Santa Bárbara y Trinidad.

Comayagua elegiría cuatro Diputados propietarios y cuatro suplentes por cuatro distritos cuyas cabeceras serían Comayagua, Opoteca, Goascorán y Curarén.

Tegucigalpa elegiría seis Diputados propietarios y seis suplentes por seis distritos cuyas cabeceras serían Tegucigalpa, Cantarranas, Ojojona, Cedros, Yuscarán y Nacaome.

Y Yoro, por los dos distritos de Olanchito y Trujillo, elegiría un Diputado propietario y un suplente, debiendo buscarse entre sus pueblos el más central para cabecera. Total: 21 Diputados propietarios y 21 suplentes.

He aquí, en extracto, las razones en que el Ministro apoyaba la iniciativa.

La Constitución de 11 de diciembre de 1825, en diez años de publicada, no se había podido poner en práctica sino en una pequeña parte; si alguna vez se había podido observar el artículo 22 de ella, no había sido posible hacerlo en lo demás del tiempo, y la falta, a juicio del Gobierno, consistía esencialmente en que nuestro territorio es demasiado extenso y quebrado, su población muy diseminada, sus caminos muy penosos y muy caudalosos sus ríos, de manera que ni los pueblos podían dar cumplimiento al artículo 15 de la misma que señala las épocas de elección, ni los representantes al 22, porque a unos y otros se les presentaban iguales inconvenientes.

El Gobierno creía que, distribuyendo la elección con arreglo a la tabla, se proporcionaría a los pueblos la mayor comodidad para sus actos electorales, no creyendo que fuera un mal, sino al contrario un bien, aumentar la representación del Estado, pues aunque el artículo 19 de nuestra Constitución particular previene que la Asamblea se componga por ahora de once Diputados, añade que no podrá bajar de este número ni subir del de 21, de donde se infiere que se podía hacer esta alteración, siendo conveniente al Estado, cuya mejora y felicidad se propuso.

No podía argüirse que no se pudiera hacer esta reforma sin que se verificara la de la Constitución de la República, porque el artículo 96 de la de Honduras previene que pasados cuatro años puede alterarse ella misma en todo aquello que no afecte a la Federal, y esperar a que se reformara esta, sería abreviar la disolución de Honduras, y generalmente se hablaba contra la reforma del 13 de febrero, y era de creer que no fuera sancionada, pues ni presentaba la economía que se deseaba ni daba a los Estados el ser que deberían tener, y después de desechado el proyecto de reforma federal, tardaría algún tiempo para que se diera otro que tal vez correría la misma suerte.

En cuanto a la Corte Superior de Justicia decía el Ministro que, en concepto del Gobierno, era urgente la reforma de este Tribunal; que en el día estaba compuesto de un Presidente, dos Ministros y un Fiscal, de conformidad con el artículo 50 de la Constitución; pero la experiencia había demostrado que un tan corto número de Magistrados no podría desempeñar todas las funciones correspondientes a un Tribunal a donde concurrían multitud de asuntos, tanto en lo civil como en lo criminal; y que en la Memoria que presentó a la actual Legislatura ya había dicho sobre este particular la opinión del Gobierno.

El Diputado D. J. Santiago Bueso, comisionado para abrir dictamen, presentó este en la sesión del 8 de agosto. Respecto al primer punto, aceptó que con la reforma se lograría que el Poder Legislativo, sin variación sustancial de los principios fundamentales de nuestras instituciones, fuese más acomodado a nuestras circunstancias, menos oneroso al Estado y más apreciable para sus habitantes que, bajo este concepto, se prestarían gustosos a los actos electorales que, al presente, miraban con indiferencia por su repetición.

Respecto al segundo punto, dijo que el mal no estaba en el poco número de los Magistrados; que la falta de conocimientos que los pueblos tenían de las personas instruidas del Estado, hacía que dieran sus votos para destinos tan delicados a ciertos individuos que ignoraban el desempeño de sus funciones; que ya otra vez había dicho la comisión que las leyes por las cuales se regía el Estado en lo civil y criminal eran las mismas del Gobierno Español, las que se hallaban en grandiosos códigos, cuya inteligencia, por su complicación, se disputaban los mismos profesores, y para llegar a hacer una justa aplicación de ellas eran necesarios conocimientos no comunes; y que, por esto, debía hacer la elección la Legislatura, pues haciéndola esta sería más acertada porque buscaría dentro y fuera del Estado la probidad, los conocimientos y las aptitudes tan indispensables en aquellos funcionarios, sería menos expuesta a la severa crítica que muchas veces se hacía con justicia y, obviándose este inconveniente, tendría toda la respetabilidad que era de desear, se evitaría a los pueblos la incomodidad que les causaba la repetición de los actos electorales y no se podría decir que su elección no era de origen popular, porque era hecha por la Legislatura.

La Asamblea acordó contestar al Ministro que le parecían justificadas las reformas propuestas, pero creía de su deber conservar las formas nacionales, pues no le parecía bastante absoluta su independencia para adoptar una resolución sin mirar hacia ellas; y en este concepto, convenía que el Gobierno pusiese en conocimiento del Congreso Federal, o del Senado, si el primero estuviera en receso, la iniciativa y el dictamen para que, en presencia de las razones expresadas, declarase si la Asamblea de Honduras podía reformar su Constitución particular sobre las bases que se proponían. Pero aceptó la iniciativa en lo relativo a que la Corte se compusiera de siete Magistrados propietarios y tres suplentes; y en cuanto a elecciones, mandó que se practicaran en las poblaciones más próximas al centro de cada Departamento.

En la misma sesión del 8, invitada por el Gobierno para resolver en las presentes sesiones sobre el proyecto de reformas constitucionales, contestó que no estaba dispuesta a ello. Consultada acerca de la Comisión permanente nombrada en virtud del Decreto de 10 de junio, dijo que el nombramiento había quedado insubsistente por el solo hecho de haber admitido continuar sus sesiones con carácter de ordinarias y no de extraordinarias; y que en lugar de la Comisión, el Gobierno recogería los datos acerca del voto público respecto a las reformas, y una vez recibidos, podía excitar al Consejo a convocar a la Asamblea a sesiones extraordinarias. En este sentido dictó el correspondiente Decreto el 10, día en que celebró su última sesión.

D. Francisco Ferrera, Vicejefe del Estado, al separarse del ejercicio del Poder Ejecutivo por el regreso de Rivera, había pasado a su puesto de Presidente del Consejo. Ya para cerrar sus sesiones el Cuerpo Legislativo, le consultó quién debía conceder licencia al que ejerciera el destino que obtenía cuando por motivo urgente lo necesitara y estuviera en receso aquel Cuerpo. La Asamblea le contestó el 6 que la facultad de conceder licencias al Vicejefe del Estado correspondía al Consejo Directivo.

Ferrera, a principios de septiembre, manifestó a dicho Cuerpo tener grave urgencia de retirarse de su destino a asuntos particulares y pidió se le concediera licencia de un mes. El Consejo concedió la licencia, de la que el solicitante empezaría a hacer uso el sábado 5 del mismo. Por el retiro de Ferrera hubo de elegirse Presidente del Consejo, y resultó designado el Consejero D. José María Bustillo.

El 13 de septiembre se reunió el Consejo con el único objeto de contestar una nota que el Ministro General le había dirigido en la misma fecha, en la que le manifestaba de orden del Supremo Gobierno que la persona que lo ejercía se hallaba por enfermedad en incapacidad de poder continuar en su ejercicio, y por tan grave causa debía depositar aquel destino en el Vicejefe; mas como este se hallaba ausente, lo verificaba en el Presidente de este Alto Cuerpo, conforme lo establecido en el artículo 38 de la Constitución del Estado.

El Consejo ordenó contestar de enterado, manifestando al mismo tiempo que, al separarse su Presidente de su asiento, quedaba aquel Cuerpo disuelto por falta de número, pues no quedaban más que tres Consejeros, y en tal concepto y no habiéndose logrado por los medios de la lenidad que los demás individuos de él, últimamente electos, vinieran a ocupar sus asientos, para verificarlo se hiciera uso de la enérgica ley de 23 de julio del mismo año.

Desde el 10 de septiembre, y en cumplimiento del artículo 3.º de la ley de 10 de agosto, el Consejo había convocado a la Asamblea a reunirse el 10 de octubre próximo en sesiones extraordinarias para que tomase en consideración los informes recibidos que los pueblos y corporaciones habían dado, conforme a la ley de 10 de junio, acerca de la sanción o repulsa de las reformas a la Constitución Federal. Esta Asamblea, además, abriría los pliegos que contenían la elección de Magistrados de la Corte Superior de Justicia.

Rivera volvió a sus funciones en los primeros días de octubre, y el 8 dictó un acuerdo, suspendiendo los efectos de la convocatoria de la Asamblea a sesiones extraordinarias, en consideración a que el Decreto sobre elecciones de Magistrados no había sido publicado en el Departamento de Tegucigalpa, por lo que la Municipalidad de su cabecera pidió que no se llevasen al conocimiento de la Legislatura Extraordinaria los pliegos de elección de los demás Departamentos.

El Consejo, que había quedado disuelto por falta de número, no pudo reorganizarse hasta el 17, pues aunque el señor Bustillo había cesado en el ejercicio del Poder Ejecutivo, uno de los tres individuos restantes había estado gravemente enfermo. Se reinstaló, pues, con cuatro Consejeros, habiéndose reincorporado al Cuerpo el Vicejefe del Estado D. Francisco Ferrera el 7 de noviembre.

En nota del día anterior había comunicado el Gobierno el acuerdo del 8 de octubre sobre suspensión de la convocatoria. El Consejo, en sesión del 11, acordó aprobar dicho acuerdo, mandar pedir los documentos respectivos para proceder contra el Jefe Intendente de Tegucigalpa por no haber publicado el Decreto de elecciones de Magistrados a la Corte Superior de Justicia, y excitar al Gobierno para que exigiera de las autoridades y corporaciones los pliegos de elecciones y dictamen sobre reforma, haciendo responsables a los que no hubieran cumplido y activando la reunión de la Asamblea Extraordinaria tan luego como se hubieran completado dichos pliegos. Esta Asamblea no había de reunirse.

El 20 recibió el Consejo una nota en que el Gobierno le transcribía otra del Jefe Político de Heredia, "remisión esta de un prospecto y de una colección de los principales acontecimientos del Estado de Costa Rica." He aquí lo que había ocurrido:

El 26 de septiembre la ciudad de Cartago desconoció los poderes constitucionales de aquel Estado y promovió la convocatoria de un Congreso Constituyente. Heredia y Alajuela secundaron este pronunciamiento, y las fuerzas de las tres poblaciones marcharon sobre la ciudad de San José, residencia entonces del Gobierno. Fueron rechazadas y después batidas en las acciones del 14 y del 28 de octubre, con lo cual se sometieron las tres poblaciones constituidas. En esta sedición tuvo gran parte el clero, alarmado por los Decretos sobre la supresión del diezmo y días festivos, y la rivalidad entre San José, capital entonces del Estado, y la de Cartago, que lo había sido antiguamente de toda la Provincia.

Fracasada así la tentativa de un Congreso Constituyente, Costa Rica mantenía en vigor su Decreto del 7 de mayo, en que aceptaba las reformas constitucionales que en Honduras aún no habían podido discutirse.

En El Salvador había habido también perturbaciones.

Habiendo renunciado D. Dionisio de Herrera la Jefatura de aquel Estado, para la que fue declarado electo el 11 de octubre de 1834, al mismo tiempo que lo fue de Vicejefe D. José María Silva, se hizo cargo este del Poder Ejecutivo. Practicadas nuevas elecciones para reponer a Herrera, fue declarado electo Jefe el Benemérito de la Patria, General D. Nicolás Espinosa, quien tomó posesión de su cargo el 10 de abril de 1835. Sobrevinieron desavenencias entre Espinosa y Silva, se imputó al primero el propósito de llevar adelante una guerra de castas en El Salvador y el de revolucionar el Estado de Guatemala, siendo motivo este último de que el Dr. Gálvez, Jefe de Guatemala, se quejase al General Morazán, Presidente de la Federación. Morazán empezó a tomar medidas para asegurar la paz, y entonces Espinosa, contra quien había estallado un movimiento revolucionario en San Miguel, le envió un comisionado a ofrecerle dejar la Jefatura del Estado a condición de que también renunciase Silva la Vicejefatura. Silva aceptó la condición, y el 13 de noviembre entregó Espinosa el mando al Consejero D. Francisco Gómez, y el 20 salió de San Vicente para embarcarse en La Unión, con lo que la tranquilidad quedó restablecida. Las renuncias del Jefe y Vicejefe fueron aceptadas por la Asamblea en enero siguiente.

A principios del año de 1835 aparece en Honduras un personaje que había de ejercer poderosa influencia en los asuntos públicos y que, unido a Ferrera, había de ser un formidable enemigo de Joaquín Rivera. Es el Licenciado D. Felipe Jáuregui. Era nativo de Guatemala, y en Tegucigalpa contrajo matrimonio con la señorita María Josefa Xatruch, hija de D. Ramón Xatruch, minero español, del principado de Cataluña, quien con D. Esteban Guardiola había venido a Honduras, atraído por la riqueza de sus minas. Guardiola, curador de los hijos menores de D. Ramón Xatruch, María Josefa y Pedro, el último de los cuales pasó a la curaduría de Jáuregui ya efectuado el matrimonio, se obligó en transacción de 21 de julio de 1835 a entregar a Jáuregui $31,807.00 que sumaban las legítimas de los referidos menores y réditos. En 1825, D. José Sierra Vijil, como albacea testamentario de D. José de Iribarren y como apoderado general de sus herederos, había vendido a D. Esteban Guardiola las haciendas de Lologuare y La Caña, situadas en el valle de Guaimaca. Estas haciendas pasaron a ser propiedad de Rivera, y Jáuregui empezó a inquietarlo, pretendiendo que dichas haciendas eran deudoras a su esposa y a su pupilo por mejoras hechas en ellas con sus caudales. Esta era la primera arma que había de blandir contra Rivera para en seguida abrir contra él una campaña implacable.

Refiérese que Jáuregui vino a Honduras como agente de los separatistas de Guatemala a trabajar por la ruptura de la Federación, y el Coronel D. Manuel Quijano dice que antes había sido "juez ejecutor de Morazán para perseguir a los patriotas reformistas y después, enlazado en su familia, se hizo el corifeo de los patriotas de Tegucigalpa".

D. José Antonio Vijil, en sus Memorias, dice que Honduras abrazó la causa de las reformas "con muy pocas excepciones" y se levantó acaudillado por Ferrera y Jáuregui que con tropas había venido a Guatemala a llenar una misión.

El Dr. Montúfar dice que Jáuregui era hermano de D. Manuel José Jáuregui, amigo del Dr. Gálvez y uno de los redactores del periódico ministerial La Verdad. Y añade: "Estos dos hermanos no siempre estuvieron de acuerdo en los asuntos públicos, ni en los intereses de familia. D. Felipe era activo cooperador en Honduras de los serviles de Guatemala. El consejo de los cuatro no pudo haber encontrado una persona más adecuada para llevar adelante sus ideas en el territorio hondureño. Jáuregui tenía talento, maneras cultas e insinuantes sin que pudiera ser tachado de un ridículo refinamiento, conversación grata e instructiva; era un abogado distinguido; no tan erudito en leyes como D. Miguel Larreinaga, D. Venancio López ni D. José Mariano González; pero les hacía ventaja en habilidad forense. Jáuregui tenía la práctica que hace a un abogado casi invencible; es la que se adquiere litigando ante jueces que están unidos a la parte contraria o, lo que es igual, que son la parte contraria. Jáuregui había litigado muchas veces con esa gran desventaja, y estaba acostumbrado a desplegar una serie de combinaciones que no sugiere la simple lectura de los libros, para impedir que la parte contraria sentenciara en su propio favor. Iguales dificultades en política le dieron una sagacidad con que no todas las personas podían contar en Honduras. Jáuregui contrajo matrimonio en Tegucigalpa, ligándose a una familia influyente que pertenecía al partido servil. Entre los individuos de esa familia se hallaban D. Pedro Xatruch y el General D. Florencio Xatruch que tantas veces ha militado en favor de los serviles. Jáuregui quería verdaderamente a Honduras, país que consideraba entonces como patria adoptiva y patria de sus hijos, circunstancias que le permitían hablar muy bien de aquel Estado sin la violencia y falta de tino que muchas veces emplean los forasteros, que deseando adular a los moradores del país en que residen, alaban a trochemoche cuanto ven y cuanto oyen. Todo esto abrió paso a las aspiraciones de Jáuregui, le rodeó de amigos, le dio una grande influencia en la política del Estado, convirtiéndolo en director absoluto de Ferrera y más tarde, de Guardiola".[12]

Mucho hay que rectificar en este juicio, pero en gran parte es exacto.

---

[12] Reseña histórica, tomo III, páginas 323 y 324.

CAPÍTULO IX: RIVERA, JEFE DEL ESTADO

SUMARIO: Situación de la República. —Congreso Federal. —Apertura de la Asamblea de Honduras. —No se adoptan las reformas a la Constitución Nacional — Propuesta para amortizar la moneda provisional. —Cuño. —Corte Superior de Justicia. —Mándase proceder a elecciones de autoridades supremas del Estado. —Responsabilidad atribuida al Gobierno por la disolución del Consejo. —Comisión para redactar un proyecto de reforma a la Constitución Federal. —Acusación contra Rivera. —El excomandante de Omoa. —Defensa de Rivera respecto a la disolución del Consejo. —Reaparecimiento del Consejo. —Leyes de Hacienda y de Tierras. —Rivera acusado por el C. Eustaquio Mejía. —Renuncias de Consejeros. —Clausura de las sesiones de la Asamblea. —Se desiste de convocar a la Asamblea a sesiones extraordinarias. —El cólera morbus. —Un Ministro depuesto. —Pretensión de separar a Rivera del Poder Ejecutivo. —Asonadas del 24 y del 29 de diciembre en Tegucigalpa. —Acuerdo sobre enseñanza. —Cesa Rivera en sus funciones y entrega el Poder Ejecutivo al Consejero Presidente.

1836

Al principiar el año de 1836 la situación de la República era relativamente tranquila. En Costa Rica se había logrado restablecer la obediencia a las autoridades constituidas; en Nicaragua se había instalado sin dificultad la Asamblea el 1.º de enero y gobernaba D. José Zepeda, a quien subrogó temporalmente el Vicejefe Núñez durante las sesiones de la Legislatura; en El Salvador, se había procedido a nuevas elecciones de Jefe y Vicejefe, habiéndose declarado electos por la Asamblea el 7 de marzo a D. Diego Vijil para el primer cargo y a D. Timoteo Menéndez para el segundo; en Guatemala se habían ratificado el 22 de febrero las reformas constitucionales verificadas el 27 de agosto de 1835; y en Honduras reinaba la paz, gracias al cuidado y celo del Jefe del Estado D. Joaquín Rivera. Sólo que no se había podido lograr que reuniera la Asamblea el 2 de enero, de conformidad con el artículo 22 de la Constitución de 11 de diciembre de 1825.

El 18 de marzo se instaló en San Salvador el Congreso Federal, bajo la presidencia de D. Juan Barrundia. Ante él leyó el general Morazán el Mensaje, en que daba cuenta de las operaciones del Gobierno durante el año que acababa de transcurrir. Después de haber hablado de los males que habían amenazado a la República, decía:

"Atacarlos en su origen, reformando la Constitución Federal, es el único medio de prevenirlos y el modo más seguro de evitar que se reproduzcan en lo sucesivo. Pero de esta reforma, tan necesaria como deseada de todos los amigos de la felicidad general, no se podrá ocupar el actual Congreso. Pendiente como está de la Asamblea del Estado de Honduras la que se decretó en 1835, veremos pasar todavía el precioso tiempo de sus sesiones sin tratar de este asunto interesantísimo si no se exige el cumplimiento de la ley que atribuyó a aquel Cuerpo la facultad de sancionarla.

De este paso importante pende la suerte de la República."

Y dice al final:

"Séame permitido concluir esta exposición con un acto de justicia debido al mérito de los primeros legisladores de nuestro país. La Constitución abunda en principios altamente luminosos; en su formación excedieron sus dignos autores las esperanzas del centroamericano, estableciendo esta patria vacilante e incierta bajo el sistema de gobierno que nos rige; pero doce años de aguardar entre infortunios y vicisitudes ese futuro de prosperidad, tantas veces prometido, ha inspirado a los pueblos el justo deseo de una reforma radical y revelado al hombre pensador los vicios de que adolece, al considerarla semejante a un árbol hermoso que, transplantado a un clima exótico, se marchita y decae a poco tiempo, sin haber producido los frutos que se esperaban."

Estos conceptos revelan que Morazán no aceptaba las reformas de 1835, puesto que habla de una reforma radical. ¿Cuál era su pensamiento? Es lástima que no lo haya esbozado siquiera en su Mensaje. Si hay algún proyecto inspirado en sus ideas, hasta hoy es desconocido.

El Congreso Federal dictó varias disposiciones importantes, entre las que llaman la atención las contenidas en los Decretos de 23 de abril y de 16 de mayo. En la primera se declara que los empleados que hayan sido o fueren violentamente separados de sus destinos por una autoridad ilegítima y que, siendo fieles al Gobierno Nacional, hayan resistido entregar las rentas que eran a su cargo, disfrutarán el sueldo de su dotación como si hubiesen estado desempeñando su empleo. Y por la segunda se deroga la ley de 15 de mayo de 1835 que anula los Decretos de las autoridades de los Estados que tengan por objeto ocupar las rentas nacionales. Parece haber contradicción entre el objeto de esta ley y el de la anterior.

La Asamblea de Honduras se reunió al fin el 1.º de junio con los diputados Francisco Márquez por el partido de Nacaome, Blas Cano por el de Choluteca, Matías Argüello por el de Yoro, León Rosa por el de Tegucigalpa, Liberato Moncada por el de los Llanos, José Guerrero por el de Cantarranas, Faustino Luque por el de Santa Bárbara, Mariano Castejón por el de Comayagua y José Domingo Reyes por el de Olancho. La Directiva quedó constituida así: Presidente, el diputado Castejón; Secretarios, los diputados Luque y Cano.

El día 3 abrió sus sesiones. Una comisión compuesta por los diputados Rosa y Moncada salió a recibir al personal del Ejecutivo, cuya entrada fue anunciada por los honores que le hizo la guardia. El Jefe del Estado tomó el asiento que le correspondía, y luego leyó su Mensaje, en el que dio una ojeada sobre los asuntos más urgentes en que debía ocuparse la Asamblea, el cual le fue contestado por el Diputado Presidente en los términos más satisfactorios. Concluido este acto, se retiró el Jefe Supremo con su Ministro y acompañado de la comisión; y la Asamblea comenzó sus tareas.

El primer asunto de que trataba Rivera en su Mensaje era el de aceptación o repulsa de las reformas a la Constitución General, decretadas el 13 de febrero del año anterior. Acerca de ello se expresaba así: "En tan delicado negocio, yo os diré por separado lo que me dicta mi conciencia; y a vosotros toca decidir sobre él y sobre la suerte entera de la República, pues que de vuestro voto depende la resolución de este gran problema."

Luego recomendaba la mejora de la administración interior del Estado, indicando que debía seguirse el método más sencillo y enérgico para que los principios adoptados tuvieran estabilidad, firmeza y respetabilidad. No habría un goce —decía— que le satisfaciese tanto como ver elevarse al grado de prosperidad y grandeza, de que es susceptible, al Estado que tenía la honra de gobernar. Cualquier género de sacrificio, sin exceptuar el de su propia existencia, le sería pequeño en cambio de un bien tan deseado. Es esta la segunda vez que habla del sacrificio de su vida, como si persistiera en su alma el presentimiento de su fin trágico. Insistía en la necesidad de arreglar la Hacienda, y aludiendo a la Ordenanza de Intendentes que se había puesto en vigor, decía que no era posible que pudieran conservarse con provecho rentas establecidas por un Gobierno absoluto entre instituciones liberales. Encarecía que se dispensara todo género de protección a la agricultura, fuente de riqueza y de felicidad y que no hacía hasta entonces el menor progreso, y al comercio que se hallaba en el estado más deplorable. Pedía que se decretaran los medios de propagar la Instrucción Pública, de la que decía que es el apoyo de la felicidad común, la guardia nacional de los derechos constitucionales y la que señala la moral, corrige las costumbres viciosas, regula la marcha política y conduce al hombre a todo género de conocimientos. Manifestaba que sentía no haber podido vencer los inconvenientes que se le habían presentado en este punto, pero le quedaba al menos la satisfacción de recomendarlo con todo el esfuerzo que produce el deseo de ver progresar las luces.

Y añadía: "Yo os aseguro que si en vuestra vida no hiciereis otra cosa que proteger a la juventud proporcionándole su ilustración, seréis acreedores a la bendición de mil futuras generaciones y podréis con satisfacción decir: todo lo hemos hecho ya." Finalmente recomendaba la seguridad de las personas y las propiedades: se habían dictado al respecto diversas providencias, pero muchos inconvenientes habían impedido el cumplimiento de ellas. Y a los legisladores correspondía remediar el mal, organizando el procedimiento judicial del modo más claro y eficaz para que ni el criminal quedara impune ni el Juez abusara de su autoridad. Y concluía: "Seguridad para el trabajador; seguridad para el producto de su trabajo: he aquí otro de los beneficios que de vosotros demandan los hondureños y el que el Gobierno reclama en su nombre."

En la junta preparatoria del 12 de abril se habían recibido los 157 pliegos relativos a la sanción de las reformas de la Constitución Federal, en que constaban los votos de los pueblos del Estado. Para oír a éstos se les había enviado impreso el proyecto. El 6 de junio se publicó el escrutinio que de estos votos presentó la Comisión de reformas, y con vista de él, se nombró una comisión formada por los diputados Moncada, Márquez y Argüello para que abriera dictamen sobre la repulsa o admisión del proyecto. La Comisión presentó su dictamen en la misma sesión; y de conformidad con él, se expidió en la sesión del 8 el siguiente Decreto:

"La Asamblea Ordinaria del Estado de Honduras, habiendo tomado en consideración las reformas decretadas por el Congreso Federal el 13 de febrero del año anterior, y considerando:

1.º Que no son conformes con el voto nacional en que se pidió economía de hombres y caudales;

2.º Que es dispendioso el orden de elecciones que establece, por cuya causa los pueblos se ven embarazados para ejercerlo;

3.º Que consultada la opinión de los del Estado, se ha manifestado de una manera evidente su repugnancia a dichas reformas, fundada en los principios expuestos;

Y en virtud de las facultades concedidas a esta Legislatura por el artículo 302 de la Constitución Federal, ha tenido a bien decretar y decreta:

El Estado de Honduras no adopta las reformas emitidas por el Congreso Federal en 13 de febrero del año pasado.

Comuníquese a la Secretaría del Congreso Federal y al Jefe Supremo del Estado para que lo haga imprimir, publicar y circular.

Dado en Comayagua, a 8 de junio de 1836.

—Mariano Castejón, Diputado Presidente.

—Faustino Luque, Diputado Secretario.

—Blas Cano, Diputado Secretario."

Por tanto: Ejecútese.—Lo tendrá entendido el Jefe de Sección encargado del Ministerio General, y dispondrá lo necesario a su cumplimiento.—Dado en Comayagua, a 11 de junio de 1836.— Joaquín Rivera. Al C. José Antonio Castañón.

El Congreso Nacional, por falta de la resolución sobre adoptar o no las reformas, se había abstenido de resolver sobre la consulta que se le había dirigido el año pasado acerca de si se podía o no dividir nuevamente el territorio del Estado y reformar su Constitución.

La Asamblea dictó otras importantes resoluciones.

El ciudadano Juan José Viteri había propuesto hacerse cargo de amortizar la moneda provisional, con tal que se le diera en recompensa el terreno que se extiende desde Trujillo hasta el Cabo de Gracias a Dios y desde la costa hasta las primeras poblaciones del Estado, para aprovechar sus maderas útiles. La Comisión de Hacienda fue de parecer que era inadmisible la propuesta: el dictamen fue aprobado.

A moción del Diputado Guerrero se dispuso pedir informe al Gobierno sobre los resultados que había tenido la contrata del Cuño y sobre los pagos que a su cuenta se hubieran hecho, lo mismo que sobre los embarazos que impedían llevar adelante la obra con los recursos que el General Presidente había propuesto.

El Gobierno, en 14 de abril de 1835, había celebrado una contrata con el General Morazán para el establecimiento de la máquina del Cuño, por no haber cumplido su compromiso Mr. Bennett. Para indemnizar a Morazán de los catorce mil pesos que, para el objeto, había adelantado, mandó en 6 de agosto que se dispusiera el producido del siete por ciento que, en Omoa y Trujillo, se recaudaba como una renta correspondiente al Estado. El Gobierno procuraba así hacer honor a sus compromisos y lograr que se realizara una empresa que indudablemente iba a mejorar la situación en que se hallaba la Hacienda del Estado.

En cuanto a Mr. Bennett, el Consejo dictó el 7 de diciembre un acuerdo en que hizo constar que aquél no había cumplido la contrata que con él celebró el Gobierno en virtud del Decreto legislativo de 15 de febrero de 1833; y que el Gobierno, por su parte, cumplió religiosamente pagando a Bennett veintisiete mil y pico de pesos por aquella cuenta y por las platas introducidas por el mismo para la acuñación de que había de hacerse el pago. Y por esto, y siendo atribución del Consejo velar por el cumplimiento de las leyes, resolvió:

1.º Que estando rescindido el contrato, el Gobierno, usando del derecho que le quedaba, recuperase la cantidad que dio a Mr. Bennett;

2.º Que al efecto, previa la liquidación del valor de las platas que introdujo Bennett a la Casa de Moneda, se dedujera de los veintisiete mil y tantos pesos que había recibido y que se exigiera el superávit;

3.º Que a este fin se le llamara por el Gobierno y se le embargaran antes los bienes que poseyera en el Estado en cantidad equivalente a lo que resultara deber;

4.º Que tan pronto como llegara se le estrechara al pago, y si no lo verificaba, se realizara la venta de aquéllos conforme a las leyes y se repusiera al Estado de lo que justamente le pertenecía;

5.º Que se exigiera al mismo contratista Bennett el rédito anual de la cantidad que había sido a su cargo, correspondiente al Estado y a estilo de comercio; y

6.º Que a la próxima Asamblea Ordinaria se diera cuenta de este acuerdo, dictado para subvenir a las necesidades del Tesoro Público, de que prodigiosamente no había sido ya víctima el Estado.

La Asamblea aprobó el acuerdo del Consejo, y pidió nuevos datos al Ejecutivo sobre las cantidades ingresadas en la Tesorería y la inversión de ellas, lo mismo que una lista de todos los que no hubieran rendido cuentas o las tuvieran pendientes con la Hacienda, en lo que fue también debidamente atendida.

El 17 de junio, la Asamblea, por no haber resultado de hecho la elección de Magistrados de la Corte Superior de Justicia que se mandó practicar conforme al Decreto de 1.º de agosto de 1835, nombró: Presidente, a D. Joaquín Valenzuela; Magistrados propietarios a los señores J. Santiago Bueso, Manuel Gamero, Mariano Garrigó, Coronado Chávez y Quintín Idiáquez; suplentes, a los señores Miguel Laínez, Andrés Lozano y Vicente Antonio Bocanegra; y Fiscal al Lic. D. José Santiago Milla. Pero la Corte no pudo instalarse desde luego porque, teniendo cuentas pendientes los Magistrados Valenzuela y Bueso, no habían recibido aún el documento de solvencia.

En la sesión del 20, el Diputado Rosa pidió que se mandaran hacer las elecciones de los Diputados cuyo período concluía en aquel año y del Jefe y Vicejefe del Estado, a causa de estar expuesta la Asamblea a recesar por falta de individuos del Consejo Directivo en el mes entrante. Después de varias observaciones, se resolvió de conformidad.

El Diputado Márquez, a quien se había dado comisión especial para que estudiara los abusos que se cometían en los Juzgados, propuso en la misma sesión que se decretara el jurado inglés. En una sesión posterior, el Diputado Bernárdez opinó que Honduras no se hallaba en condiciones de establecer el jurado. La Asamblea pidió el proyecto a Márquez, y discutido en las sesiones del 21 y 23 de julio, se aprobó el primer artículo que establecía el Jurado, y no se pasó de allí.

Habiendo pedido informe la Asamblea acerca de la negligencia y desprecio de los Jefes Intendentes en las determinaciones que había tomado el Poder Ejecutivo, relativas a la comparecencia de los Consejeros, el Gobierno y el Consejo informaron, y con vista de la contestación del último, el Diputado Guerrero pidió, en la sesión del 25 de junio, se declarase qué autoridad tenía sobre sí la responsabilidad por la falta de Consejeros, y no hubo resolución. Pidió votación nominal sobre si el Gobierno era responsable, y estuvieron por la afirmativa los Diputados Moncada, Guerrero, Rosa y Argüello, y por la negativa los Diputados Márquez, Cano, Castejón y Luque. El Diputado Moncada pidió entonces que se dijera al Gobierno hiciera comparecer a los Consejeros que faltaban, bajo su más estrecha responsabilidad y que entretanto continuara reunida la Asamblea; esta proposición fue desechada.

En la sesión del 28 de junio, habiendo consultado el Consejo si tres de los Consejeros que quedaban hábiles, en unión del Presidente nato, podrían recibir el juramento y dar posesión al primero que llegara, se oyó el dictamen del Diputado Márquez, quien fue de parecer que tan luego concurriera el número necesario para formar Consejo, aun cuando todos fueran nuevos, éstos se reunieran y prestaran el juramento de estilo: este dictamen fue aprobado.

El Consejo se declaró en receso el 30 de junio por falta de número constitucional. El Diputado Guerrero pidió que se resolviera si la Asamblea continuaría sus sesiones; y después de haberse hecho las reflexiones más precisas —dice el acta— se resolvió afirmativamente.

El 2 de julio recibió la Asamblea la nota en que se le transcribía la del Ministro General del Gobierno de la Nación que acusaba recibo del Decreto en que se declaró que no aceptaba Honduras las reformas de la Constitución Federal; y en que se le pedía tomar en consideración formar un proyecto de reforma. A este respecto nombró una comisión especial formada por los Diputados Bernárdez, Rosa y Luque.

En la misma sesión declaró electos popularmente Senadores propietario y suplente del Estado en la Federación al Presbítero D. Matías Quiñónez y al Presbítero D. Juan Nepomuceno Rodezno, por su orden.

En la sesión del 6 de julio se dio lectura a una representación del Teniente Coronel Juan Pablo Varela, en que acusaba al Jefe Supremo D. Joaquín Rivera por deuda de una hacienda y por haberlo detenido en la ciudad de Comayagua. El auto no dice más. Rivera escribió más tarde: "El ciudadano Juan Pablo Varela es bastante conocido: era dependiente mío: fue estrechado a rendirme cuentas por su mala administración, y no encontró otro refugio para evadirse de los cargos que justamente le resultan, que el de reunirse a mis enemigos y formar acusaciones contra mí, haciendo suposiciones muy groseras y avanzadas.

El vecindario de Comayagua es testigo de que la mala fe de este hombre ha destruido una parte considerable de mis intereses: los mismos enemigos míos están satisfechos de que ha destruido también cantidades considerables de otros; pero, sin embargo, lo han tomado aquéllos por instrumento para sus miras.

La acusación contra Rivera pasó a la Comisión de Justicia, que desempeñaba el Diputado Argüello. El dictamen de esta comisión fue el de que en la acusación de Varela no resultaba cargo alguno contra el Jefe: la Asamblea declaró no haber lugar a formación de causa: acta del 20 de julio. Es de la mayor importancia el dictamen del Diputado Argüello, porque era de los enemigos de Rivera.

En una acusación contra el C. Carlos Herrera, Comandante que había sido de Omoa, la Asamblea declaró que el conocimiento de la causa de éste correspondía a las autoridades de la Federación. El Ejecutivo hizo observaciones, manifestando que correspondía a las autoridades del Estado. La Asamblea mantuvo lo resuelto. Versaba la acusación sobre la expulsión de los morenos de aquel puesto, ordenada poco después de que se habían retirado las tropas que habían sometido a los revolucionarios que habían izado la bandera española en el castillo de San Fernando. Herrera pretendió que el responsable de esta medida era el Jefe del Estado y así lo representó a la Asamblea.

Rivera dice al respecto lo siguiente:

"Apenas se habían retirado las tropas que con su sangre habían lavado el oprobio, cuando se tuvo noticia de que se preparaban buques en los puertos de México para atacar aquella plaza. Al mismo tiempo los emigrados que estaban en Walis promovían la revolución. Por varios Comandantes se siguieron diversas causas en que constaba que los morenos se reunían con objeto de asesinar, robar e incendiar. Por partes repetidos que se daban se sabía que existían aún algunos agentes de Domínguez y a cada correo se daban noticias por el Comandante Herrera de los trastornos que amenazaban, de manera que se temieron movimientos mayores que los que se acababan de experimentar. Hacía poco tiempo que se había dado el Decreto de internación de los morenos de Trujillo, tal vez con menos causas, y nadie hubiera creído que no era prudente darlo para los de Omoa: sin embargo, no fue el Gobierno autor de esta providencia; fue el expresado Comandante Carlos Herrera. Si éste obró de malicia; si se dejó sobornar como se le acusa; si fingió o exageró, responda de su conducta ante los tribunales; pero no se inculpe a aquél.

"Digna de aprobación parecía, y autorizada por las circunstancias, por la necesidad de conservar el orden público y de evitar una nueva reacción, tanto más cuando los partes no eran dados solamente por él sino también por su antecesor y las causas seguidas por distintas autoridades, con las deposiciones de diversos testigos contestes que confirmaban lo que se había dicho de oficio. Pudo caber engaño, y ser todo una combinación maquiavélica: pudo haber ocasión, principalmente en los que residíamos a largas distancias; pero ¿quién está libre de ellas? Es certísimo que todos temieron un trastorno, que en el caso de realizarse hubiera costado a la República mucha sangre y caudales; y lo es igualmente que los principales instrumentos de Domínguez, de Guzmán y de otros facciosos fueron los morenos de Omoa.

"El Comandante Herrera dictaba sus providencias y las consultaba muchas veces después de su ejecución: el Comandante Herrera daba partes, seguía expedientes, ponía correos extraordinarios, decretaba empréstitos, mandaba hacer subastas, exigía del Gobierno de Honduras hombres y dinero, e hizo esperar una guerra sangrienta pintando con vivos colores una horrible reacción y suponiendo connivencias con el Estado del Salvador. El Gobierno Nacional dictó providencias serias: los Gobiernos de los Estados ofrecieron auxilios al de Honduras, y éste dio los recursos que estaban en su arbitrio, y aprobó algunas de las medidas tomadas por el Comandante, como la de la internación de los morenos en circunstancias tan críticas como las que existían o se aparentaban por Herrera. Este fue acusado: solicitó del Gobierno cosas que no era justo conceder: quiso escudarse con la autoridad de éste: y a su vez lo acusó por lo mismo que él había hecho."

La Asamblea se limitó a resolver como queda indicado antes.

Como se ha visto ya, los Diputados Moncada, Guerrero, Rosa y Argüello pretendían que el Ejecutivo era responsable por la falta de comparecencia de los Consejeros a ocupar sus puestos. El Ejecutivo dio cuenta el 7 de julio a la Asamblea de las providencias dictadas a efecto de reunir a los Consejeros que faltaban.

A propósito de la responsabilidad escribió Rivera:

"Con la mayor injusticia se ha atribuido al Jefe del Estado la disolución del Consejo. Este Cuerpo se hallaba reducido al menor número constitucional, y el Gobierno, para impedir su disolución, dictó innumerables acuerdos, unos en consonancia con los del mismo Cuerpo, otros por sí solo. Diversos motivos impidieron su efecto. El C. Justo Herrera fue llamado con instancia; pero al mismo tiempo salió electo Diputado al Congreso Nacional. También se dieron órdenes estrechas para que viniese el Consejero C. Santos del Valle; pero él dio excusas y fueron miradas como legales por el Consejo mismo. Una elección había sido anulada; y por estos motivos era muy pequeño el número de los que podían concurrir a reemplazar a los que debían dejar sus asientos. No es del resorte del Gobierno ni la calificación de las elecciones ni la de los impedimentos que oponen los elegidos ni la admisión o no admisión de las renuncias.

"Fue repetidas veces llamado hasta con apercibimientos el C. Presbítero Faustino Arriaga: se excusó; y con sus contestaciones se dio cuenta al Cuerpo Directivo, quien estimó por bastante la excusa de enfermedad, según consta de la nota de su Secretaría de 22 de febrero, declarando que no se le obligase a venir a tomar asiento hasta que no estuviese enteramente restablecido.

"Conformándose el Ejecutivo con los acuerdos del Consejo, cesa su responsabilidad. Parece que en este caso, no hay ninguna, y solamente podría exigírsele si fuese árbitro de las leyes, que son tan incompletas entre nosotros, si le fuese dado acercar las grandes distancias a que tienen que concurrir los electores y si tuviese poder para allanar los obstáculos que presenta la naturaleza misma de nuestra legislación."

Luego decía que los pueblos estaban cansados de practicar casi mensualmente elecciones, y los electores de viajar por malos caminos para ir a dar un voto, las más de las veces sin efecto, ya porque no asistían todos al acto, ya por las nulidades que más tarde se declaraban; y allanados los inconvenientes, restaban las renuncias de los elegidos hechas a veces con justos motivos. Y continuaba:

"Poco espíritu público, distancias considerables, caminos intransitables, escasez de víveres de primera necesidad especialmente en los últimos años, enfermedades y sobre todo falta de dietas, pues no hay un solo empleado que esté pagado, hacen entre nosotros difícil la reunión de todo cuerpo colegiado." La Asamblea casi nunca puede instalarse el día señalado ni para sus sesiones ordinarias ni para las extraordinarias a que es convocada.

"Un Ejecutivo sin facultades y con las manos atadas, sin recursos ni medios para obrar las más de las ocasiones ¿podrá acaso vencer las dificultades que presenta la naturaleza, que opone la legislación y esa apatía, esa inercia propia de los climas ardientes y de la educación española que no pueden ser removidas ni con la palanca de Arquímedes? Faltas iguales ha habido en la reunión del Congreso y Senado, de las Asambleas y Consejos, de las Cortes de Justicia de toda la República; y los prudentes y los hombres que saben hacer distinción entre la falta y la imposibilidad de evitarla, jamás han pensado por ella en exigir la responsabilidad a los Gobiernos respectivos. Sin embargo, siendo mayores las dificultades en Honduras que en ningún otro Estado, se ha querido con ahínco que el Gobierno y solo el Gobierno sea responsable de la disolución del Consejo."

Y después de decir que el Gobierno no había dejado de dar un paso que convenía se diese, ni había podido dar otro a más de los que se habían dado, concluía:

"No obstante, se escribe y se intriga contra él: se solicitan acusadores: se intentan acusaciones y se acaloran cuatro Diputados para que se les declare la responsabilidad."

La defensa de Rivera no sólo pone de manifiesto la falta de razón con que se le atacaba por la disolución del Consejo sino que ofrece un cuadro vívido del estado político y social de Honduras en aquellos momentos, advirtiéndose la influencia de la educación y del medio.

El 12 de julio ya aparece de nuevo en funciones el Consejo. Consultó a la Cámara si podía dar la inteligencia de la ley a virtud de consultas que se le habían dirigido antes de instalarse aquélla. Se le contestó que no podía, estando reunida la Asamblea.

En la sesión del 9 se había expedido la Ley Orgánica de Hacienda, la que derogó el Decreto de 14 de mayo de 1834 que había declarado en vigor la Ordenanza de Intendentes de 1783, en todo lo que no se opusiera a la Constitución y demás leyes.[13]

Y en la del 23 se expidió la Ley Reglamentaria de Tierras.[14]

La Ley Orgánica de Hacienda estuvo en vigor hasta que entró a regir la de 16 de febrero de 1841, y la de Tierras no fue derogada hasta el 15 de mayo de 1888.

---

[13] La Ley Orgánica de Hacienda puede verse en la Revista de la Universidad, tomo VI, páginas 124, 197 y 265.

[14] Véase en la Revista de la Universidad, tomo II, páginas 709 a 711.

En la sesión del 20, se dio lectura al dictamen sobre una acusación que había presentado contra el Jefe del Estado, el C. Eustaquio Mejía; y en la del 22 se acordó pedir informe acerca de ella. Véase cómo refiere Rivera lo sucedido:

"Otra de las inculpaciones que se han hecho contra el Ejecutivo es la de suspender los efectos del Decreto de 5 de junio, que mandaba establecer Juez de 1.ª Instancia en el distrito de La Trinidad. La Municipalidad de la aldea de este nombre se dirigió al Gobierno el 12 de febrero de 1835, por sí y a nombre de las de Chinda, Quimistán, Macuelizo y San Marcos, solicitando el Juzgado, dando entre otras razones la de que era generalmente deseado y apetecido. El Gobierno elevó la petición a la Asamblea, apoyándola de la manera que le pareció justa. La Legislatura, creyendo que la solicitud era conforme a la voluntad de los pueblos que representaban, o por lo menos, de su mayoría, emitió el Decreto de 5 de junio accediendo a la solicitud. El Decreto fue mandado ejecutar: se publicó y circuló; y se comunicó a las Municipalidades competentes. No concurrieron a la petición los pueblos de San José, de Santa Barbarita y de Petoa. La Municipalidad de La Trinidad aseguró en su escrito de 27 de septiembre que las otras Municipalidades resistían la elección. Pasaron seis meses: llegó el tiempo de las elecciones: se mandaron practicar éstas; y las Municipalidades de Macuelizo, Quimistán y San Marcos se dirigieron al Jefe Intendente el 1.º de octubre, manifestando que ellas no habían solicitado ni dado poder a la de La Trinidad para que pidiese el Juzgado de 1.ª Instancia: que por el contrario creían que era un mal su establecimiento: que no concurrirían a las elecciones, pues estaban persuadidas de que el Decreto que las mandaba practicar era subrepticio a causa de que se había solicitado a su nombre, siendo contrario a sus deseos. El Jefe del Departamento dio cuenta de tal ocurrencia, y se aseguró de que se haría resistencia al Decreto y de que su solicitud había sido obra de un muy corto número de individuos por miras personales. El Gobierno conoció que la posición de los pueblos era delicada: que la elección no debía mandarse practicar con la punta de las bayonetas; y que los peligrosos inconvenientes que se presentaban no podían ser removidos sino por el Poder Legislativo que había dado el Decreto y que tenía facultad para enmendarlo o derogarlo.

"La prudencia aconsejaba que se suspendiesen los efectos de dicho Decreto mientras la Legislatura dictaba el que creyese conveniente. Tales eran los deseos de la mayoría del distrito, y el Gobierno tuvo a bien conformarse con ellos. Quería también averiguar de raíz el origen de tales acontecimientos.

"Entretanto el Jefe Político del Departamento consultó si la elección de Juez de 1.ª Instancia debía practicarse por todos los pueblos como se había practicado antes o si debía exceptuarse de ella el distrito de La Trinidad. Si la elección no se practicaba por todos, quedaban muchos pueblos sin Juez de 1.ª Instancia, y se entorpecía, con perjuicio de ellos, la administración de justicia: se aumentaban las rencillas y discordias que había originado el Decreto de 5 de junio, y se daba lugar a males de tamaña trascendencia. Con el deseo de obviarlos y como el único medio que se presentaba al Gobierno, mandó practicar las elecciones por todos los pueblos del Departamento, para dar cuenta a la Asamblea en el momento en que se instalase.

"Entretanto la aldea de La Trinidad y algunos vecinos de Chinda procedieron a la elección contra el tenor de lo que se había mandado. Esta elección fue reclamada. Era nula porque se había practicado sin la concurrencia de la mayoría de los pueblos del distrito: era peligrosa porque era contra la voluntad de dichos pueblos, que la habían protestado: era poco prudente porque recayó en una persona que no gozaba del concepto público en todo el distrito y que se había declarado por un partido. ¿Cómo podría ni debía sostenerse tal elección?

"El comisionado no obró con la imparcialidad que correspondía, y la certificación dada por el C. Diputado Luciano Milla manifestaba la violencia con que se habían dado algunas declaraciones, la resistencia del establecimiento del Juzgado y la odiosidad contra el electo en La Trinidad. Sin embargo, como no aparecía ya toda la oposición que se había manifestado, el Gobierno mandó el 12 de marzo que se practicase la elección, encargando a los pueblos que evitasen dar sus votos a aquellos que, como el C. Eustaquio Mejía, eran causa del desagrado.

"He aquí la conducta del Gobierno, que no tenía recursos ni facultades para obrar de otra manera en un asunto demasiado delicado por su naturaleza. He aquí el motivo que en concepto de algunos Diputados lo daba suficiente para exigirle la responsabilidad. La solicitó en efecto el C. Eustaquio Mejía y no sé quién, a nombre de las Municipalidades del distrito; pero la de Quimistán, la de Chinda y la de La Trinidad juntamente con el Jefe del Distrito han manifestado que nunca han querido acusar al Gobierno; que ha sido un abuso y una infamia el hacerlo a su nombre; y que desaprueban la acusación hecha a su nombre. Consta todo de certificaciones de las mismas Municipalidades, remitidas sin que yo las haya solicitado."

Luego dice Rivera que por la conducta observada, que tenía por objeto evitar las divisiones intestinas, el atraso en los negocios judiciales, la nulidad en la secuela de las causas y acaso la ruina de innumerables familias, se le pintaba como un déspota, como a un tirano; y no había querido hacer cumplir por la fuerza un Decreto resistido por la voluntad de los pueblos.

Desde luego, no es posible desconocer que Rivera no debió encargar a los pueblos que evitasen dar sus votos a determinadas personas para la elección de Juez, porque esto era atentatorio a la libertad del sufragio, pero tiene a su favor la circunstancia de que su recomendación no fue respaldada por los arreos de la fuerza, de lo que en los años posteriores se han visto tantos y tan dolorosos ejemplos.

La Asamblea dejó sin resolver la acusación de Mejía, que no volvió a moverse ni después que Rivera cesó en sus funciones de Jefe del Estado.

En las últimas sesiones, la Asamblea admitió las renuncias del Presbítero José Antonio Mejía, Consejero por Olancho, y del C. Ignacio Vega, Consejero por Tegucigalpa. También admitió la del Consejero José Bustillo, con protesta del Diputado Argüello, quien opinó que antes debía decidirse si la elección era o no nula.

El 26 se hizo proposición para que se prorrogaran las sesiones por treinta días: la Asamblea resolvió negativamente.

El 29 el Ejecutivo pidió a la Cámara el proyecto de reformas a la Constitución Federal: se le contestó que ya tenía encargado el asunto a una comisión para que lo presentara a la próxima Legislatura, y que entretanto se esperaba que agotara todos los recursos para que ésta se reuniera sin falta en el tiempo señalado por la Constitución. En esta misma fecha expidió la Asamblea el Decreto en que anunciaba que cerraría sus sesiones el 30, por haberse cumplido el período constitucional. La Asamblea recesó en la fecha señalada.

En septiembre se trató de convocarla a sesiones extraordinarias: esto dio motivo a la publicación de un impreso que apareció firmado: P. Roque. El Gobierno pasó este impreso al Consejo con una comunicación alusiva a la convocatoria. La comisión nombrada para el estudio del asunto expuso el 8 de octubre en su dictamen:

1.º Ser constante que en Honduras no concurrían a su tiempo los Representantes del Estado, pues para las sesiones constitucionales se pasaba hasta medio año y no se podía completar número; y cuando llegaban los últimos, ya los primeros habían devengado dobles sueldos de los asignados por el tiempo de su reunión;

2.º Que la Hacienda, por su exhaustez, no estaba en el caso de hacer estos gastos;

3.º Que convocando a la Asamblea extraordinariamente, no podría reunirse hasta diciembre, y este retardo lo demostraba la experiencia, pues ya se había visto otras veces; y

4.º Que verificándose aquella reunión en diciembre, muy poco distarían las sesiones extraordinarias de la junta preparatoria de la Asamblea Ordinaria entrante, y por esto no se debían hacer los gastos de la Extraordinaria.

Por estas razones, el Consejo acordó que no habría reunión de la Legislatura en sesiones extraordinarias.

En 1832 se habían tenido temores de la invasión del Cólera morbus a la América Central y se tomaron medidas para combatirla: no se presentó entonces. En octubre de 1836 se recibieron noticias alarmantes que anunciaban que de un momento a otro podía aparecer la terrible epidemia en estos pueblos. El Ejecutivo ordenó el cumplimiento del acuerdo que dictó el Consejo para evitar la introducción de la peste, reservando, para cuando fuera oportuna, la colocación de un cordón sanitario que aislara los puertos de Omoa y Trujillo, pues no estaban aún infestados.

La Corte Superior de Justicia no había podido instalarse en agosto a causa de un descuido del Ministro General del Gobierno, C. José Antonio Castañón, quien dejó de ordenar la citación del Magistrado D. Pascual Ariza, nombrado para reponer a uno de los que habían renunciado: el Consejo, en Acuerdo del 27 de aquel mes, declaró a Castañón responsable por su desobediencia e ineptitud. No obstante, el Jefe del Estado lo mantuvo en su puesto.

El 22 de octubre, en momentos en que el Consejo se preparaba para tratar de varias notas del Ministro General, uno de sus individuos manifestó que un impreso intitulado La Verdad hablaba de la nulidad con que el Ministro ejercía sus funciones, fundándose en el Acuerdo del 27 de agosto; y en este concepto pidió que, antes de tomar en consideración las comunicaciones indicadas, se declarase la legalidad de su ejercicio. El Consejo fijó su atención en el asunto, en todos los incidentes producidos de los procedimientos de Castañón en la dirección del Ministerio y en las observaciones que los escritores hacían al público en descrédito de la Administración existente y en demanda del cumplimiento de las leyes; y discutido y considerado todo, acordó, por unanimidad, que las expresadas comunicaciones de que él era el conducto, eran ilegales porque carecían de facultad para dirigirlas en virtud de haberlo el Consejo declarado comprendido en el artículo 48 de la Constitución del Estado; y en consecuencia no debían ser atendidas por aquel Alto Cuerpo.

El 26 el Ejecutivo, por medio del Jefe de Sección, comunicó al Consejo los motivos que habían demandado la continuación de Castañón en el Ministerio y las causas que habían obligado al Gobierno a no deponer a aquél, a pesar del Acuerdo del 27 de agosto; manifestando además que, para que las comunicaciones no fueran desairadas, las suspendería con el Directivo mientras la Asamblea resolvía la consulta que sobre lo ocurrido habría de hacerle o se presentaba otro motivo para encargar el despacho del Ministerio a otra persona. El Consejo ratificó su Acuerdo y devolvió al Gobierno cuatro notas que de Castañón había recibido. El Gobierno no insistió más, y el 31 nombró Ministro en propiedad al C. José Francisco Zelaya, y mientras éste venía, dejó autorizado al Jefe de Sección C. Manuel Pardo para despachar los negocios del Ministerio.

El artículo 48 de la Constitución decía:

"El Jefe Supremo podrá suspender al Ministro General por un mes, sin necesidad de formación de causa, y deponerlo con pruebas justificativas de ineptitud o desobediencia, con Acuerdo en vista de ellas de las dos terceras partes del Consejo."

Este artículo indica que había que observar algún procedimiento para la resolución del Consejo, y no se observó ninguno respecto a Castañón ni para el Acuerdo del 27 de agosto ni para el del 22 de octubre, pues se resolvió con la sola vista de las comunicaciones. Pero honra a Rivera el haberse sometido a lo resuelto por el Consejo, y a éste el haber hecho mérito de las declaraciones de la prensa, aunque estuvieran equivocadas. Es un caso del que el autor de este libro no ha encontrado similares en la historia de Honduras, de entonces acá. Nuestros Congresos posteriores (ahora no hay Consejo) no han hecho caer gabinetes.

Detrás del procedimiento observado, había cierta hostilidad contra Rivera. Este se hallaba en vísperas de terminar su período de gobierno y se le atribuía el deseo de continuar en la silla del Ejecutivo; se habían mandado practicar, como queda dicho, las elecciones para Jefe y Vicejefe del Estado; Ferrera, Presidente del Consejo, aspiraba a la Jefatura y el Diputado Rosa a la Vicejefatura, y estando Rivera en el poder, aquéllos y sus amigos desconfiaban del éxito en las elecciones. Era menester, pues, hacer que Rivera fuera separado del ejercicio del Poder Ejecutivo y en su lugar entrara Ferrera. De allí, las acusaciones de que se ha hecho relación: la referente a la disolución del Consejo; la de la internación de los morenos de Omoa y la de no haberse establecido el Juzgado de 1.ª Instancia en el Distrito de La Trinidad, que pretendía desempeñar el C. Eustaquio Mejía, aunque su elección, hecha en una aldea de un distrito que comprendía muchos pueblos, era nula. Pero tales acusaciones no habían producido el resultado que se deseaba, y por ello se empleaban procedimientos encaminados a desprestigiar al Jefe del Gobierno.

En el propósito de separar a éste de sus funciones para trabajar con más suceso en la campaña eleccionaria, fueron más lejos. Dice Rivera que el Diputado Rosa tenía un empeño tan decidido al respecto que llegó hasta aconsejar a su cuñado, Ciudadano Gabriel Reyes, que en público diese al Jefe del Estado una bofetada.

"Ella será —decía— la señal de una alarma y cualquiera que sea el resultado, el primer Jefe debe dejar el mando y ocuparlo el segundo."

Reyes no había de atreverse.

Ferrera y Rosa siguieron trabajando en las elecciones "por todos los medios imaginables", según dice Rivera; y cuando vieron que éstos no habían producido los efectos que deseaban, ocurrieron a la insurrección.

El 24 de diciembre hubo en Tegucigalpa un levantamiento contra las autoridades constituidas, acaudillado por Rosa y su yerno José Guerrero. Gritaron mueras al Jefe del Estado y a algunos de sus empleados, y dando al mismo tiempo vivas a Ferrera. Los insurrectos, según se dijo, tenían ramificaciones en varios pueblos del Departamento. El Coronel José Trinidad Cabañas, Jefe Intendente y Comandante de Armas, rechazó a los amotinados, habiendo resultado en la acción dos muertos.

Al día siguiente la Municipalidad pidió al Gobierno que se separase al citado jefe, pero no creyéndolo justo ni decoroso, se negó a tal solicitud, y envió en auxilio de Cabañas al Teniente Coronel C. León Ramírez con un piquete de veinticinco soldados, pues la guarnición que existía en Tegucigalpa era demasiado pequeña. No habiendo accedido el Gobierno a los deseos de la Municipalidad, se echaron sobre el cuartel el 29, como a las tres de la tarde, más de doscientos hombres, pero fue tal el desorden con que acometieron que no sacaron de tal tentativa la más pequeña ventaja. Continuaron sin embargo el ataque hasta las ocho y media de la noche, en que entró con su auxilio el Teniente Coronel Ramírez, quien los acabó de dispersar y de poner en fuga. En la guarnición no hubo novedad; entre los facciosos resultaron heridos el Teniente Dionisio Cubas, Antonio Escobar, Felipe Chirinos y cuatro o seis más. Rivera acordó que se exigiesen dos mil pesos a los promotores de las asonadas del 24 y 29, para el sostén de la tropa que hubo de levantar para el restablecimiento del orden.

Frustrado este movimiento, no quedó a sus autores esperanza de impedir que las elecciones practicadas produjeran su resultado legal.

En medio de estas conmociones, el Gobierno, de acuerdo con el de Guatemala, dispuso el 30 de diciembre enviar diez jóvenes hondureños a estudiar a la Escuela Normal Lancasteriana que se había abierto en la capital de aquel Estado.

El 31 dictó el siguiente Decreto:

"El Jefe Supremo en quien reside el Poder Ejecutivo del Estado de Honduras, considerando:

1.º Que el período por que fue electo el actual Jefe Supremo y Vicejefe es el que designa el artículo 41 de la Constitución del Estado;

2.º Que este período debe contarse desde el 1.º de enero de 1833 hasta el día de hoy, conforme al Decreto de 12 de mayo de 1834; y

3.º Que conforme a la ley de 16 de octubre de 1829 corresponde al Presidente del Consejo encargarse del Gobierno en falta de Jefe y Vicejefe:

Ha venido a decretar y decreta:

1.º Se separa del ejercicio del Supremo Poder Ejecutivo el ciudadano Joaquín Rivera, por cumplir su período constitucional hoy 31 de diciembre de 1836;

2.º Estando en el mismo caso el Vicejefe, ciudadano Francisco Ferrera, que el Jefe propietario, se encargará del Gobierno el Consejero Presidente, ciudadano José María Martínez;

3.º Comuníquese a quienes corresponda para su inteligencia y efectos consiguientes y al Presidente del Consejo para que, desde el día de mañana, entre a ejercer las funciones que le correspondan.— Lo tendrá entendido el Jefe de Sección encargado del Ministerio General, y dispondrá lo necesario a su cumplimiento.—Dado en Comayagua, a 31 de diciembre de 1836.—Joaquín Rivera.—Al ciudadano Manuel Pardo."

De este sencillo modo cesó Rivera en sus funciones de Jefe Supremo, demostrando que no aspiraba a ser reelegido, aunque lo permitía el artículo 41 de la Constitución del Estado.

CAPÍTULO X: LAS REELECCIONES

SUMARIO: Respeto a la alternabilidad.—Breve reseña de la cesación en el Poder, de los gobernantes de Honduras: cesación por la fuerza de las armas, por renuncia, por muerte y por interrupción o terminación del período.—Presidentes reelegidos.—Reelecciones sin reforma constitucional y con ella.—Procedimiento observado para las reformas constitucionales.—Consideraciones.—Hay que propender a que sólo haya gobiernos de origen legal.—Un ejemplo digno de imitarse.

1827 a 1920

El primer gobernante de Honduras que da el ejemplo de respetar la alternabilidad en el ejercicio del Poder Ejecutivo, no pretendiendo ser reelegido, es D. Joaquín Rivera. Si con otros méritos no contara éste en su paso por el Gobierno, bastaría ese solo rasgo para acreditarlo como un verdadero demócrata.

Es útil recordar, al respecto, cómo dejaron el poder los demás gobernantes de Honduras bajo el vigor de las diferentes Constituciones decretadas, indicando cómo se emitieron éstas y el resultado de los cambios de Constitución.

D. Dionisio de Herrera no pudo cumplir su período de cuatro años, porque fue separado de su puesto por las fuerzas federales que invadieron a Honduras, al mando de Milla, y tomaron a Comayagua el 9 de mayo de 1827.

D. José Jerónimo Zelaya, hecho elegir bajo la presión de las armas de Milla, sólo fue reconocido en Santa Bárbara, y su autoridad duró hasta noviembre de 1827, en que la batalla de La Trinidad hizo huir al invasor.

D. Francisco Morazán dejó la Jefatura del Estado antes de cumplir los cuatro años que empezaron el 2 de diciembre de 1829, por haber sido exaltado a la Presidencia de Centroamérica: su separación se efectuó el 28 de julio de 1830.

D. José Antonio Márquez entró al ejercicio del Poder Ejecutivo el 12 de marzo de 1831: falleció el 26 de marzo del año siguiente, casi al mismo tiempo en que moría el Coronel D. José María Gutiérrez, rechazando gloriosamente en Jaitique al faccioso Vicente Domínguez.

De D. Joaquín Rivera ya queda dicho cómo se desprendió por sí mismo del poder supremo al vencer el período constitucional.

D. Justo José Herrera no cumplió los cuatro años: habiendo tomado posesión el 28 de mayo de 1837, se separó, por enfermedad, de la Jefatura el 3 de septiembre de 1838, y no quiso volver a ella.

Entre los gobernantes anteriores y con posterioridad a ellos, ejercieron el Poder Ejecutivo varios sustitutos legales. Entre los que lo ejercieron hasta 1840 hubo quien durara en sus funciones dos días, doce días, dos meses, tres meses y más tiempo, siendo el que duró más D. Francisco Zelaya y Ayes, esto es, desde el 21 de septiembre de 1839 hasta el 31 de diciembre de 1840. Los que ejercieron el poder después del retiro de D. Justo José Herrera obedecían a las influencias de D. Francisco Ferrera.

D. Francisco Ferrera fue elegido Presidente de Honduras por dos años conforme a la Constitución de 11 de enero de 1839: tomó posesión el 1.º de enero de 1841; y por decreto de 23 de febrero de 1843, se le declaró reelecto para un nuevo período que terminó el 31 de diciembre de 1844, tranquilamente.

D. Coronado Chávez sólo duró dos años en el poder: del 12 de enero de 1845 al 1.º de enero de 1847. Concluyó su período en paz. Ferrera fue uno de los candidatos para sucederle y fue elegido por la Cámara; pero comprendió que la opinión no estaba de su parte, y renunció la Presidencia.

D. Juan Lindo entró a desempeñarla el 12 de febrero de 1847; luego se convocó una Asamblea que dictó la Constitución de 4 de febrero de 1848, y conforme a ella fue elegido Presidente por cuatro años: llenó este período.

D. José Trinidad Cabañas empezó su período el 1.º de marzo de 1852: no pudo terminarlo por haber sido derrocado su Gobierno a consecuencia de la acción de Masaguara librada contra sus fuerzas el 6 de octubre de 1855 por el General D. Juan López.

D. Santos Guardiola tomó posesión de la Presidencia el 17 de febrero de 1856, y fue reelegido para un segundo período que empezó el 7 de febrero de 1860: no terminó éste: fue asesinado el 11 de enero de 1862.

D. José María Medina, a la muerte de Guardiola, hizo que el Senador Montes le entregara la Presidencia por ser él también

Senador; pero no tardó en reconocer al Vicepresidente Castellanos, quien se posesionó de la suprema autoridad el 4 de febrero, en la villa de Guarita. Al morir Castellanos el 11 de diciembre del mismo año, volvió al poder el Senador Montes. Fue derrocado éste por Medina que, apoyado por las fuerzas guatemaltecas, organizó en Santa Rosa de Copán el 21 de junio de 1863 un nuevo Gobierno. En seguida fue declarado electo Presidente por tres veces, y cayó del poder en mayo de 1872, derrocado por una revolución que encabezó D. Céleo Arias, quien gobernó provisionalmente del 12 de dicho mes al 13 de enero de 1874, en que capituló con las fuerzas que lo sitiaron en Comayagua.

D. Ponciano Leiva inauguró su gobierno provisional en noviembre de 1873: la Convención Nacional reunida en Comayagua después de la capitulación de Arias, lo nombró Presidente el 29 de abril de 1874, y elegido después por el voto popular, tomó posesión constitucionalmente el 2 de febrero de 1875. No pudo cumplir su período, pues el 16 de diciembre del mismo año se levantó contra él D. José María Medina, y su gobierno concluyó con el tratado de Cedros de 8 de junio de 1876. Había permanecido en el poder dos años y meses.

D. Marco Aurelio Soto entró a gobernar como Presidente provisional el 27 de agosto de 1876: el 30 de mayo de 1877 tomó posesión de la Presidencia constitucionalmente. Dictada la Constitución de 1.° de noviembre de 1880 fue elegido conforme a ella y tomó posesión el 1.° de febrero de 1881. El 27 de agosto de 1883 renunció la Presidencia.

D. Luis Bográn ejerció la Presidencia por dos períodos: del 30 de noviembre de 1883 al 30 de noviembre de 1891, en que la entregó a su sucesor.

Fue éste, D. Ponciano Leiva, quien no pudo cumplir su período: el 9 de febrero de 1893, conmovido el país por una revolución, tuvo que depositar la Presidencia en el Lic. D. Rosendo Agüero, habiéndola renunciado definitivamente el 15 de julio.

D. Domingo Vásquez empezó a ejercer provisionalmente la Presidencia por depósito que de ella le hizo el Lic. Rosendo Agüero el 18 de abril de 1893. Admitida la renuncia de Leiva, el 7 de agosto, fue elegido Presidente constitucionalmente y tomó posesión de su cargo el 15 de septiembre: una revolución acaudillada por D.

Policarpo Bonilla puso término a su gobierno el 22 de febrero de 1894.

D. Policarpo Bonilla inauguró su gobierno provisional en Los Amates el 24 de diciembre de 1893. Triunfante el 22 de febrero siguiente la revolución de que era jefe, convocó una Asamblea Constituyente, y conforme a la Constitución que ella dictó el 14 de octubre de 1894, fue elegido Presidente y entró a sus funciones el 1.º de enero de 1895, cesando en ellas el 1.º de febrero de 1899.

D. Terencio Sierra sucedió al señor Bonilla. Debió entregar el poder el 1.º de febrero de 1903; pero dividiendo la opinión en la campaña electoral, halagando y mintiendo a los tres candidatos que surgieron en ella, D. Marco Aurelio Soto, D. Juan Ángel Arias y D. Manuel Bonilla, pretendió perpetuarse en la Presidencia. Un agente suyo, en el mes de julio de 1902, propuso en una junta de partidarios de las tres candidaturas, celebrada en el salón de la Universidad, que se le prorrogara el período presidencial por un año durante el cual procuraría que se aplacaran las pasiones y se calmaran los ánimos para que en octubre de 1903 se practicaran las elecciones tranquilamente, esto es, para que recayeran en él. Esta proposición no fue siquiera tomada en consideración por la junta. Se practicaron las elecciones en la época legal, en las que obtuvo la mayoría el General D. Manuel Bonilla, habiéndole seguido en votos, por su orden, el Dr. Arias y el Dr. Soto. Este se retiró del país al observar que se rompía el orden constitucional no eligiendo el Congreso designados a la Presidencia en enero de 1903. Sierra, por la falta de esta elección, de la que él tenía la culpa, depositó el poder al vencer su período en su propio Consejo de Ministros presidido por Arias, Consejo que no tenía ya misión legal. El General Bonilla se levantó en Amapala el 1.º de febrero, prestando la promesa ante el Alcalde del puerto, como Presidente Constitucional, seguro como estaba de haber obtenido la mayoría de votos en los comicios. Sierra, como Comandante General de las Armas de la República, funcionario no creado por la Constitución, nombrado de hecho por el Consejo de Ministros, fue a combatir al General Bonilla, habiendo sufrido la primera derrota en el Aceituno. Entretanto, Arias, a quien creía Sierra tener dominado, se había hecho declarar electo Presidente constitucional el 16 de febrero. La última acción de Coray hizo salir a Sierra al territorio de El Salvador. El General Bonilla continuó la guerra contra Arias, y este cayó el 13 de abril.

D. Manuel Bonilla fue declarado electo Presidente por Decreto del Congreso, de 12 de mayo, y ante él ratificó el 17 del mismo la promesa que había prestado el 1.º de febrero ante el Alcalde de Amapala. El 8 de febrero de 1904 dio un golpe de Estado por el que suprimió la Constitución vigente y el 12 convocó una Asamblea, que dictó la Constitución de 2 de septiembre del mismo año. Conforme a esta Constitución, que estableció el período de seis años, sin reelección inmediata, la Asamblea nombró por unanimidad Presidente de la República, el 8 del citado septiembre, para el primer período, al General Bonilla, quien siguió gobernando con carácter discrecional hasta el 1.º de marzo de 1906, fecha en que entró a regir la nueva Ley fundamental con los Códigos y demás leyes secundarias. Su período terminaría, pues, el 1.º de febrero de 1912. Una revolución puso término a su gobierno el 25 de marzo de 1907, en que entró a Tegucigalpa con las fuerzas victoriosas la Junta de Gobierno que un mes antes se había organizado en San Marcos de Colón, formada por los señores D. Miguel Oquelí Bustillo, D. Máximo B. Rosales y D. J. Ignacio Castro.

Esta Junta llamó al poder al General D. Miguel R. Dávila el 18 de abril. El señor Dávila fue reconocido como Presidente provisional, en lo que no dejó de influir su carácter de Vicepresidente elegido al mismo tiempo que el General Bonilla para la Presidencia, en el período de 1903 a 1907. Restablecida la Constitución de 1894 por Decreto que dictó la Asamblea Constituyente el 8 de febrero de 1908, el señor Dávila fue elegido Presidente constitucional por cuatro años y tomó posesión de su cargo el 1.º de marzo del mismo año. No concluyó su período: con motivo de una revolución encabezada en la Costa Norte por el General D. Manuel Bonilla, a la que pusieron término las conferencias celebradas en Puerto Cortés a bordo del barco de guerra americano Tacoma, presentó su renuncia ante el Congreso el 28 de marzo de 1911, y le fue admitida en la misma fecha. D. Francisco Bertrand, en su carácter de primer designado a la Presidencia, concluyó su período.

D. Manuel Bonilla, electo popularmente, bajo el gobierno del señor Bertrand, tomó posesión de la Presidencia el 1.º de febrero de 1912. Habiendo fallecido el 21 de marzo de 1913, continuó su período el señor Bertrand, en su carácter de Vicepresidente, habiéndose retirado de sus funciones el 28 de julio de 1915 para poder aceptar su candidatura a la Presidencia en el período de 1916 a 1920.

Desempeñó el poder durante los seis meses restantes el Dr. D. Alberto Membreño, en su carácter de primer designado, autorizado al efecto por el Congreso: bajo su gobierno se practicaron las elecciones de autoridades supremas en plena libertad, digna de los tiempos de Márquez y de Rivera.

Elegido Presidente en propiedad para el nuevo período el señor Bertrand, tomó posesión el 1.º de febrero de 1916. No pudiendo continuar legalmente en el poder, pretendió que no saliera de su familia y quiso imponer la candidatura del Dr. D. Nazario Soriano, casado con una cuñada suya. Habiendo surgido las candidaturas del Dr. D. Alberto Membreño y del General D. Rafael López Gutiérrez, entre los cuales se dividió el país, no vaciló en emplear toda la fuerza y los recursos de la Nación para combatirlas, llevando el ciego rigor de sus persecuciones a tal extremo que el partido del señor López Gutiérrez se levantó en armas y, fraternizando con él gran parte del partido del señor Membreño, se vio, en menos de dos meses, dominado el elemento oficial, y el señor Bertrand tuvo que separarse de la Presidencia el 9 de septiembre de 1919, depositándola en el Consejo de Ministros. El Consejo llamó a ejercerla al Vicepresidente Dr. Membreño, quien se hallaba en Guatemala, y no habiendo podido venir por enfermedad y habiendo salido del país el primer designado Dr. D. Nazario Soriano acompañando al Dr. Bertrand, llamó al segundo designado Dr. D. Francisco Bográn, quien tomó posesión de su cargo el 5 de octubre. Practicadas las elecciones en la época de ley, fue declarado electo por el Congreso, por mayoría de votos, el General D. Rafael López Gutiérrez en Decreto de 6 de enero de 1920. El señor López Gutiérrez tomó posesión el 1.º de febrero.

Esta relación demuestra que dejaron el poder, obligados a ello por la fuerza de las armas, diez gobernantes: elegidos en propiedad D. Dionisio de Herrera en 1827, D. José Trinidad Cabañas en 1855, D. José María Medina en 1872, D. Ponciano Leiva en 1876 y en 1891, D. Domingo Vásquez en 1894, D. Terencio Sierra en 1903, D. Manuel Bonilla en 1907, D. Miguel R. Dávila en 1911 y D. Francisco Bertrand en 1919. No se incluye a D. José Jerónimo Zelaya porque, a pesar del triunfo de Milla que derribó a Herrera y al que debió Zelaya su elección, no fue reconocido en todo el país.

Dejaron el poder por muerte natural D. José Antonio Márquez en 1832 y D. Manuel Bonilla en 1913; y por muerte violenta, D. Santos

Guardiola en 1862. D. Victoriano Castellanos, vicepresidente en ejercicio del poder, murió de muerte natural en 1862.

Dejaron el poder transmitiéndolo en paz a su sucesor ocho gobernantes: D. Francisco Morazán por su exaltación a la Presidencia de Centroamérica en 1830, D. Joaquín Rivera en 1836, por la razón ya expresada, D. Justo José Herrera por enfermedad en 1838, D. Francisco Ferrera en 1844, D. Coronado Chávez en 1847 y D. Juan Lindo en 1852, estos tres por haber terminado su período, D. Marco Aurelio Soto por renuncia en 1883, D. Luis Bográn en 1891 y D. Policarpo Bonilla en 1899 por terminación de su período.

Entre las personas que ejercieron el poder por depósito en concepto de Vicejefes, Consejeros, Suplentes, Vicepresidentes, Senadores, Designados o encargados en Consejo de Ministros, ninguno hubo que dejara de entregarlo en paz al llamado por la ley ni que intentara retener la autoridad suprema, aprovechando el depósito.

Los Presidentes reelegidos fueron ocho: Francisco Ferrera, Juan Lindo, Santos Guardiola, José María Medina, Ponciano Leiva, Marco Aurelio Soto, Luis Bográn y Manuel Bonilla.

Esto quiere decir que no hubo una sola reelección en el período de los Jefes de Estado, o sea, bajo el imperio de la Constitución de 1825, mientras Honduras formó parte de la República Federal de Centroamérica.

Las reelecciones vinieron después. Comenzaron bajo el imperio de la Constitución de 1839, que se dictó con el fin principal de organizar a Honduras como Estado independiente del Gobierno Federal, confirmando el Decreto de la Asamblea Constituyente de 5 de noviembre de 1838 por el que se segregó de la Federación. Es verdad que en el artículo 2.º de ella se dijo que el Estado sería uno de los federados de Centroamérica cuando acordara con los otros Estados el pacto que los debiera unir: la historia ha demostrado que no había tal propósito.

Ahora bien: hubo Presidentes reelegidos sin reforma constitucional al efecto, y los hubo mediante reformas. Fueron los primeros Francisco Ferrera en 1843, Santos Guardiola en 1860, Luis Bográn en 1887, Ponciano Leiva en 1891 y Manuel Bonilla en 1911. Fueron los segundos Juan Lindo en 1848, José María Medina en 1865 y en 1869, Marco Aurelio Soto en 1881 y Manuel Bonilla en 1904.

La segunda elección de Lindo fue bajo el imperio de la Constitución de 4 de febrero de 1848 que derogó la de 11 de enero de

1839 y estableció que la duración del Presidente y Vicepresidente sería de cuatro años y podrían ser reelegidos una vez sin el intervalo de igual tiempo, si lo fueran popularmente; mas para ello sería preciso que la Asamblea General (se creaban dos Cámaras) los declarase previamente buenos servidores del Estado.

Medina, elegido Presidente Constitucional la primera vez conforme a la Constitución de 1848, tomó posesión de su cargo el 15 de febrero de 1864 en Gracias, y, deseoso de gobernar más de cuatro años, aunque ya había gobernado en 1862 y 1863, logró que se convocase una Asamblea Constituyente que dictó la Constitución de 28 de septiembre de 1865, en la que se llamó por primera vez a Honduras "República", se suprimieron las dos Cámaras, adoptándose el sistema unicamarista y se declaró que el período presidencial sería de cuatro años sin lugar a reelección sucesiva. Conforme a esta Constitución, Medina fue elegido segunda vez Presidente para el período que empezó el 1° de febrero de 1866. Pero ya para expirar este período quiso más, y obtuvo que el Congreso Nacional, fundándose en que la generalidad de los pueblos había levantado actas decidiendo que el General Medina continuase en el poder, a lo que creían tener derecho, a pesar del artículo 33 de la Constitución, invocando la razón de que la soberanía popular es imprescriptible, convocara el 22 de mayo de 1869 una Constituyente para que declarase y estableciese lo que estimara conveniente. Esta Asamblea reformó el 13 de agosto de dicho año el artículo 33 citado, dejándolo así: "El término presidencial será de cuatro años, comenzando el primero de febrero del año de la renovación".

El mismo día la Asamblea declaró que, en presencia de las actas populares en que se proclamaba a Medina Presidente para el período, él estaba electo: en esta vez, que fue la tercera, no hubo elecciones, pero se le declaró electo considerándosele Presidente Constitucional. Le quedaban, pues, otros cuatro años a contar del 1° de febrero de 1870. En 1871 entró en choque con el Presidente Dueñas, de El Salvador: le dio apoyo al General Santiago González para derrocarlo, y lo derrocó. Durante la invasión a El Salvador había invadido a Honduras el General D. Florencio Xatruch, quien se proclamó Presidente: este movimiento fracasó con la caída de Dueñas. No obstante la victoria sobre éste, la opinión era profundamente adversa a Medina.

Este creyó entonces necesario un plebiscito para que el pueblo dijera si deseaba que continuase o no en la Presidencia por el resto de su período. El plebiscito le fue favorable, y siguió en el poder hasta que lo derrocó D. Céleo Arias con auxilios del General González, que le debía su elevación a la Presidencia de El Salvador. Así permaneció en el poder más de nueve años. Para ser reelegido hizo reformar dos Constituciones y la última vez, a pesar de la reforma, no acudió al voto popular. Dejó también para recuerdo la novedad del plebiscito, que ninguna ley autorizaba.

El Dr. Soto fue elegido Presidente conforme a la Constitución de 1865 reformada, y gobernó con arreglo a ella desde 1877 hasta el 1° de diciembre de 1880, en que empezó a regir la Constitución de 1° de noviembre del mismo año. Fue elegido de conformidad con ésta para un período de cuatro años a contar del 1° de febrero de 1881, el que no concluyó.

En la Constitución del 14 de octubre de 1894 se tuvo en mira que no hubiera reelección inmediata y que el período presidencial no pasara de cuatro años; pero fue derogada por la de 2 de septiembre de 1904 que empezó a regir año y medio después de su emisión: esta Constitución mantuvo el principio de la no reelección inmediata; pero extendió el período a seis años. Conforme a ella fue nombrado Presidente el General Bonilla, quien tuvo que dejar el poder un año después de haber entrado en vigor.

Conviene ver el procedimiento observado al hacerse las reformas constitucionales o, más bien, los cambios de Constitución.

La Constitución de 1825 no prescribió reglas para la práctica de la reforma. Sin embargo, la Constituyente de 1831 fue convocada por la Asamblea Ordinaria por Decreto de 9 de abril de aquel año. No habiéndose reformado entonces aquella Constitución, la Asamblea Ordinaria convocó el 16 de junio de 1838 la Constituyente que dictó la de 11 de enero de 1839.

Deseoso de reformar esta Constitución, D. Juan Lindo convocó a sesiones extraordinarias a la Cámara de Representantes. Reunióse ésta en Comayagua el 25 de agosto de 1847; y de conformidad con el artículo 128 de aquella Ley, la Cámara convocó, por Decreto de 3 de septiembre, la Constituyente que dictó la Constitución de 4 de febrero de 1848.

Esta Constitución estableció formalidades para su reforma, pero sólo para el caso de que se decretara una Constitución para una

Confederación de los Estados de Honduras, El Salvador y Nicaragua. Sin embargo, cuando el General D. José María Medina, sin que se hubiera dado el caso previsto, deseó su reforma, no fue él quien convocó la Constituyente: la convocó la Cámara de Diputados el 15 de febrero de 1865, con la aprobación del Senado. Y así apareció la Constitución de 28 de septiembre de 1865. En el artículo 110 de ésta se dispuso que la reforma parcial o absoluta sólo podría acordarse por los dos tercios de votos de los Representantes electos al Congreso. Esta resolución se publicaría por la prensa y volvería a tomarse en consideración en la próxima Legislatura.

Si ésta la ratificaba, se convocaría una Asamblea Constituyente para que decretara las reformas. Pero no se propondrían ellas si no era hasta pasados ocho años después de promulgada esta Constitución. Habría que esperar, pues, para ello, hasta 1873. No obstante esa disposición, una Constituyente se reunió en Comayagua el 8 de agosto de 1869, y reformó, como se ha dicho, el artículo 33, que trata del período presidencial, para que el General Medina permaneciera cuatro años o más en el poder.

Infringida la Constitución de 1865 con esta reforma parcial que no se sometió a los requisitos por ella establecidos, no puede sorprender que D. Céleo Arias haya convocado, por Decreto de 17 de marzo de 1873, una Constituyente para reformarla en su totalidad, sin sujetarse a tales requisitos. El gobierno del señor Arias fue revolucionario o dictatorial desde su principio hasta su fin: el señor Arias, aunque duró en el poder desde el 12 de mayo de 1872 hasta el 13 de enero de 1874, esto es, un año, ocho meses, nunca fue electo Presidente con arreglo a la Constitución, y antes bien, según sus proclamas y Decretos, ejercía la Presidencia para gobernar el país conforme a las actas populares[15].

La Asamblea convocada por Arias dictaría la Constitución de acuerdo con dichas actas, y la emitió el 23 de diciembre de 1873, es decir, veintiún días antes de la capitulación que puso término a su gobierno. El artículo 113 de ella reproducía el 110 de la anterior

---

[15] El artículo 1º del decreto firmado por D. Céleo Arias en Candelaria el 12 de mayo de 1872 dice así: "Asúmese por infraescrito el Poder Público que será ejercido discrecionalmente hasta tanto sea dispensable para reorganizar el país conforme a las actas populares. El gobierno provisorio publicará separadamente el programa de la revolución".

respeto a reforma, con la sola diferencia de que la Legislatura que debía tomarla en consideración sería ordinaria.

Caído Arias, la Convención Nacional, convocada por Leiva el 26 de enero de 1874 en concepto de Congreso Constituyente, declaró, por Decreto de 27 de abril del mismo año, que la Constitución de 1865 no había sido legalmente abrogada y seguiría rigiendo sin modificación ni reforma. ¿Qué misión tenía esta Convención? La que le había conferido Leiva convocándola, apoyado en su partido triunfante. El origen, pues, de esta declaración era la fuerza, como era la fuerza el origen de la Constitución de 1873. Supóngase que la Constitución de 1873 se hubiera dictado conforme a las reglas establecidas en la de 1865 para la reforma, entonces habría tenido por lo menos una apariencia de legalidad, y si la Convención Nacional hubiera querido desconocerla, habría hecho una declaración distinta de la que hizo.

El Dr. Soto no se atuvo a las reglas establecidas en la Constitución de 1865 para la reforma de ésta. El Congreso Extraordinario convocado por el Ejecutivo en Decreto de 22 de marzo de 1877 para que declarase la elección de Presidente y resolviese los asuntos que le sometiera el Gobierno, declaró por Decreto de 22 de junio, que dicha Constitución quedaría vigente en todo lo que no se opusiera a las leyes que emanaran del mismo Congreso, y este acuerdo, en Decreto de igual fecha, facultó al Poder Ejecutivo para que, cuando lo juzgara oportuno, convocara una Constituyente que emitiera la Carta fundamental en armonía con las necesidades e intereses del país. Este Congreso, elegido extraordinariamente, derogó, pues, aquellas reglas. El de 1879, convocado por el anterior, renovó la facultad de convocar la Constituyente, y en virtud de ella, el Dr. Soto, en Decreto de 2 de mayo de 1880, convocó la Asamblea que dictó la Constitución de 1° de noviembre del mismo año. El artículo 27 de ésta dice: "La presente Constitución puede reformarse. La necesidad de reformarla será declarada por el Congreso ordinario; pero sólo se efectuará la reforma por una Asamblea Nacional Constituyente convocada al efecto. Es ineficaz la proposición de reforma que no esté apoyada por las dos terceras partes del Congreso. Se exceptúa de estos requisitos el caso previsto en el artículo 1°". Esto último se refiere al restablecimiento de la República de Centroamérica, para el cual no sería obstáculo la Constitución.

El Dr. Bonilla no se sometió a estas reglas para la reforma de ella. Por Decreto de 26 de abril de 1894 convocó, por sí, la Constituyente que dictó la Constitución de 14 de octubre del mismo año. El artículo 163 de ésta dice: "La reforma de esta Constitución sólo podrá acordarse por dos tercios de votos de los Representantes al Congreso, en sesiones ordinarias, determinando el artículo o artículos que necesiten reformarse, o si la reforma ha de ser absoluta. Decretada la reforma, el Congreso convocará una Asamblea Constituyente para que lo verifique; debiendo insertarse, en el Decreto de convocatoria, el que contenga las reformas propuestas".

El General Bonilla no se sometió a las reglas de esta Constitución para reformarla. Por Decreto de 12 de febrero de 1904 convocó, por sí, a la Constituyente que dictó la Constitución de 2 de septiembre del mismo año. El artículo 144 de ella dice: "La presente Constitución puede reformarse. La necesidad de reforma será declarada por el Congreso ordinario; pero sólo se efectuará la reforma por una Asamblea Nacional Constituyente, convocada al efecto. Es ineficaz la proposición de reforma que no esté apoyada por las dos terceras partes del Congreso. Se exceptúa de estos requisitos el caso previsto en el artículo 1°". Esto es, el del restablecimiento de la Federación.

El General Dávila, sin atender a estas reglas, apoyado de la Constitución de 1894 que declaró en vigor el 14 de septiembre de 1907, convocó, por sí, en Decreto de 26 de octubre del mismo año, una Asamblea Constituyente que se reunió el 1° de enero de 1908. Esta, en Decreto de 8 de febrero del mismo año, declaró vigente, desde esta fecha, la Constitución emitida el 14 de octubre de 1894, que es la que actualmente se halla en vigor.[16]

Tenemos, pues, que las reformas parciales de 1869 y 1877 y las reformas totales de 1873, 1874, 1880, 1894, 1904 y 1908 no se hicieron observando las reglas preestablecidas. El resultado ha sido que el orden constitucional no haya correspondido a lo que exige su propia naturaleza. Ha sido incierto, primero por los frecuentes cambios de Constitución efectuados con arreglo al procedimiento creado y luego por los cambios efectuados sin sujeción a regla o sea, de hecho, en acatamiento a las ideas de que la soberanía del pueblo es imprescriptible.

---

[16] En 1920. Nota del Editor.

La Constitución así no ha podido gozar del prestigio de la estabilidad, del culto que inspira lo intangible. Y como consecuencia de esto, los depositarios del Poder Público no se han visto rodeados de la aureola que sólo puede prestar lo consagrado por el respeto constante. La autoridad moral de los Congresos y de los Jefes del Ejecutivo no ha sido tan grande en los últimos tiempos como en los primeros. La renovación de los Congresos hasta 1840 no había sido obra revolucionaria: tampoco lo fue hasta 1872: los gobernantes que entraban al poder en sustitución de los que cesaban, se encontraban con un cuerpo legislativo que seguía en funciones para ser renovado con la regularidad debida. Así el Congreso elegido bajo el gobierno de Ferrera continuó bajo el de Chaves, y el renovado bajo el de éste siguió en el de Lindo, y con las renovaciones de ley pasaron los cuerpos legislativos, de Lindo a Cabañas, de Cabañas a Guardiola, de Guardiola a Castellanos y de Castellanos a Medina, salvas se entiende las renovaciones debidas a cambios de Constitución.

Pero en 1872 cambiaron las cosas y se crearon nuevas locuciones: los Congresos tenían nombre adquirido del nombre del Gobernante bajo el cual habían sido electos los Representantes; y así se dijo el Congreso de Medina, el Congreso de Leiva, etc. Fue D. Céleo Arias el primero en desconocer un Congreso: el existente al triunfar la revolución que acaudilló contra Medina: si éste había violado la Constitución, lo que correspondía era volver al régimen constitucional, llamando al Congreso; pero Arias dijo que reorganizaría el país conforme a las actas populares, y acaso creyó que el Congreso existente no se allanaría a convocar una Constituyente si lo requería al efecto.

El Congreso de 1876 desapareció con Leiva: el Dr. Soto convocó el extraordinario de 1877. El Congreso de 1893 desapareció con el General Vásquez: este Congreso pudo convocar de derecho la Constituyente de 1894: acaso se pensó que no lo haría, y fue convocada por el Dr. Bonilla. El Congreso de 1903 es una excepción: no desapareció al desaparecer el General Sierra: desintegrado en enero, mal integrado en febrero y reinstalado debidamente en mayo, declaró electo Presidente al General Bonilla. Desgraciadamente desapareció más tarde, con el golpe de estado de 1904, y ya no pudo convocar la Constituyente que convocó el General Bonilla.

El Congreso de 1907 desapareció con este gobernante: acaso se pensó que este Congreso no estaría en disposición de convocar una

Asamblea que restableciera la Constitución de 1894, y la convocó el General Dávila. Han pasado ya doce años de su restablecimiento, y no se ha pensado en una nueva Constituyente. ¡Quiera Dios que esto no vuelva a ocurrir, salvo que se trate de restablecer la República Federal de Centroamérica! Y si por desgracia este magno ideal no se realiza y hay necesidad de reformas constitucionales, todos los hondureños debemos esforzarnos porque las reformas se hagan observando el procedimiento establecido y concretando la reforma a un punto dado, sin tocar al resto de la Ley fundamental, siguiendo el ejemplo de los Estados Unidos de América, que con esta conducta actuaremos también en nombre de la imprescriptibilidad de la soberanía popular.

Si los Congresos no han sido acatados, como se ha dicho, por los gobernantes, ¿cómo se pretenderá que los pueblos los acaten? Y si los gobernantes aspiran a que dure su obra, ¿darán ejemplo para que se la respete si empiezan por negar su respeto al orden regular existente? ¿Se dirá que a esto conducen los gobiernos de origen revolucionario? Hay hechos en nuestra historia que responden negativamente a esta pregunta: bastará citar uno. Después de la acción de Masaguara que puso término al Gobierno del General Cabañas, el General D. Juan López, jefe de las fuerzas vencedoras, escribió de Comayagua al Vice-Presidente D. José Santiago Bueso, que deseando proceder de acuerdo con la Constitución y a los intereses del país, le manifestaba que por la ley estaba llamado a posesionarse del Ejecutivo por haber dejado el Gral. Cabañas acéfalo el Estado. Bueso tomó posesión, y a favor del orden constitucional, se convocó al Congreso a sesiones ordinarias y se practicaron las elecciones de Presidente, habiendo resultado electo el General Guardiola. Pero si se cree que los gobiernos de origen revolucionario por fuerza han de tener mutaciones totales, por fuerza han de hacer tabla rasa en el orden político y social, entonces prescíndase de tal clase de gobierno y que no haya más que gobierno de origen legal.

A este objeto, que la Constitución sea inviolable: que no se busque en ella, por la reforma, el camino de la reelección: que todos los aspirantes a la Presidencia procuren llegar a ella por sus virtudes y méritos, y una vez en el Poder, que sean fuertes para resistir las tentaciones de la ambición y retirarse de su puesto al cumplir el plazo del mandato. De esta manera tendrán confianza en el Pueblo, y el pueblo tendrá confianza en ellos, y dejará de ser germen de guerra civil constante un cambio de Constitución o un cambio de Presidente. Joaquín Rivera, pretextando que no estaba declarada la elección de su sucesor, o cualquier otra cosa, pudo pretender quedarse en el ejercicio del Poder Ejecutivo. Fue incapaz de cometer tamaña falta; y se retiró del puesto en que ya la ley no lo consentía. Imítese este noble ejemplo.

CAPÍTULO XI: SUCESOS VARIOS

SUMARIO: Manifestación de Rivera a los hondureños. —Reseña de los principales actos de su Administración. —Cuidados de Rivera. —Cuño. —Reunión de la Asamblea. —Elección de Jefe y Vice-Jefe del Estado. —Sucesos de Tegucigalpa y de León. —Ferrera se ofrece para venir a pacificar a Tegucigalpa. — Decreto de indulto parcial. —Tegucigalpa amenazada. —Facultades extraordinarias al Ejecutivo. —Decreto de indulto general. —Labores de la Asamblea desde el 17 de febrero hasta su clausura. —D. Justo Herrera en el Poder. —Decreto de amnistía. —Rivera en El Salvador. —Demanda contra Rivera. —El Cólera Morbus. —Asonada de Nacaome. —Empréstitos. —Movimiento revolucionario en Manto. —Grito de disolución nacional en León: actitud de Honduras. —Reconocimiento de la Independencia por España. —Mejora en las condiciones sanitarias. —Perturbaciones en Texíguat. —La Junta Consultiva de Hacienda. —Sucesos de Guatemala en enero y febrero de 1838. —Situación de Honduras al regreso de Rivera.

1837 a 1838

Rivera, al verse libre del gran peso del Gobierno, salió de Comayagua exasperado, y con el ánimo de vivir en la oscuridad. Dirigióse a su querido pueblo de Texíguat.

Pero antes publicó un folleto, que lleva la fecha del 13 de enero de 1837, intitulado: Manifestación del C. Joaquín Rivera, ex-jefe de Honduras, a sus habitantes, con motivo de las acusaciones que se le hicieron ante la Asamblea para arrancarlo del Gobierno, y de lo que se ha escrito contra él por desacreditarlo, creyendo que deseaba continuar en la silla del Ejecutivo.

En el capítulo IX de este libro se han transcrito pasajes de este folleto, explicativos de la conducta de Rivera. He aquí los párrafos con que concluye:

"Creo haber demostrado suficientemente que las acusaciones que se me han hecho han sido muy injustas; que los que las han intentado no han tenido un fin honroso ni saludable en intentarlas; que los que las protegieron y solicitaron han tenido miras muy personales, pequeñas y perversas; que para lograrlas, han cometido excesos

157

culpables; que si mi administración no ha sido la mejor, por lo menos no he desmentido los deseos del bien público, que siempre me han animado; y que he vuelto a la vida privada, penetrado de los mismos deseos y lleno de gozo por haber podido conservar tranquilo el Estado, en medio del movimiento que agitaba a los demás de la República.

"Protesto no volver a ocupar destino ninguno si puedo excusarme de él, aunque no por esto seré jamás infiel a mis principios, ni dejaré de amar y servir a los pueblos, a quienes por tantos títulos debo ser agradecido".

La exasperación de Rivera no provenía, pues, de verse contrariado por la generalidad de sus conciudadanos, sino de la injusticia con que se le había acusado por unos pocos y de que se le atribuyera el deseo de continuar en el poder. Es verdad que la Asamblea no le había declarado responsabilidad ninguna, porque no había incurrido en ella; pero se sentía herido en su delicadeza, por sus detractores. Sin embargo, las acusaciones contra Rivera, presentadas hallándose él en ejercicio del Poder Ejecutivo, son una honra para su Gobierno, porque ellas significan que los ciudadanos gozaban de plena libertad para el ejercicio de sus derechos bajo aquel régimen, sin temor a ultrajes ni a persecuciones, aun abusando de ellos, lo que no se ha visto con posterioridad. Ferrera y otros fueron acusados, pero cuando ya no estaban en el poder.

Rivera hizo una reseña de los actos principales de su administración, que puede resumirse así: no se había derramado en ella más sangre que la salvadoreña en San Bernardo durante el corto plazo en que Ferrera lo sustituyó en el Ejecutivo; no se hicieron exacciones violentas; los habitantes de Honduras vivieron pacíficos y no se echó menos a una sola persona fuera del Estado; fue respetada la integridad del territorio; se fomentó la enseñanza de la juventud, y no contento el Gobernante con haber dado impulso a las escuelas primarias, mandó a varios jóvenes hondureños a educarse por cuenta del Estado a Guatemala; procuró la reforma de la Ley fundamental; trabajó e hizo imprimir escritos que dispusieran los ánimos a una transición en favor de las mejoras sociales sin estrépitos ni violencias; extinguió mucha parte de la deuda de las administraciones anteriores y se mantuvo pagada la lista civil y militar, lo que ocurría cuando acababa de pasar la destructora guerra de 1832; en interés de la minería, se cuidó de no alterar la ordenanza vigente; no hubo confiscaciones; se gozó de una amplia libertad de imprenta, no habiéndose molestado ni aun a los que atacaban injustamente a Rivera; ningún Gobierno de los de la Unión produjo la menor queja contra él, porque la norma de su política fue siempre la de la buena fe, la franqueza y la armonía; profesaba Rivera como primer principio el de la salud de la patria, entendiendo por ella principalmente la libertad e integridad de Centroamérica; y finalmente sus aspiraciones sólo habían tenido por mira el bien del mayor número posible de los habitantes del país.

Dice Rivera que, al retirarse, iba con gran cuidado por el giro que tomarían los negocios públicos por las concitaciones de Ferrera, de las que era de temer una próxima guerra. Ya se verá hacia dónde había de dirigir Ferrera su conducta y que Rivera tenía razón para preocuparse de ella.

A la salida de Rivera, ya había noticias de que la mayor parte de las piezas del Cuño contratado con el General Morazán estaban en Omoa y no tardarían en llegar las restantes. Inmediatamente se dictaron las órdenes para la conducción al interior y para que viniera a Tegucigalpa el director que debía armar la máquina. Rivera veía con satisfacción el resultado de sus esfuerzos al respecto, aunque fueron en vano, porque se dejaron perder muchas piezas en Omoa, Yojoa y Comayagua.

Mientras tanto había pasado el 2 de enero, y a pesar de las disposiciones del Gobierno, la Asamblea no se había instalado en aquella fecha. El 10 pudo celebrarse la primera junta preparatoria, pero el 27 aún no habían llegado los Diputados D. Francisco Márquez, D. Matías Argüello y D. Francisco Gamero. La Asamblea logró instalarse al fin el 1° de febrero, con la asistencia de los Diputados Presbítero Mariano Castejón por Comayagua, Luciano Milla por Gracias, Matías Argüello por Yoro, Jacobo Bernárdez por Trujillo y los nuevamente electos a quienes se tomó juramento, Pedro Molina suplente por Choluteca, José María Cacho propietario por Santa Bárbara, Ignacio Molina por Los Llanos e Ignacio Jirón por Tegucigalpa. Fueron nombrados Presidente el Diputado Castejón y Secretarios los Diputados Cacho y Jirón.

En la sesión del 6 se acordó la apertura de los pliegos que contenían las elecciones directas para Jefe y Vice-Jefe del Estado, y se nombró escrutadores a los Diputados por Olancho y Choluteca. Se abrieron 22 pliegos y, escrutados los votos, se cerró la sesión. Se continuó la apertura de pliegos en las sesiones del 7, del 8, del 9 y del 10. El escrutinio dio en esta fecha como base para Jefe 12,231 sufragios, y no habiéndose podido concluir el de los emitidos para Vice-Jefe por ser en mucho mayor cantidad, se levantó la sesión. En la del 11 se concluyó el escrutinio de votos para Vice-Jefe. No habiendo resultado de hecho la elección de Jefe ni de Vice-Jefe ni candidatos por no haber estado ninguno en los casos de los artículos 14, 15 y 17 del Decreto de 8 de febrero de 1833, la Asamblea, en uso de las facultades que le confería el artículo 16 del citado Decreto, hizo la elección libremente, la que recayó para Jefe en el ciudadano D. Justo J. Herrera con nueve votos, y para Vice-Jefe en el Coronel ciudadano Trinidad Cabañas, con seis votos. Con lo que se dio por terminado el acto, sin embargo de lo alegado por el Diputado Argüello sobre la inconveniencia que, a su juicio, resultaba de la elección de Vice-Jefe en el Coronel Cabañas. En la misma fecha se expidió el Decreto respectivo.

En el acta no se anotaron más detalles que los expresados, habiéndose omitido los nombres de los ciudadanos que obtuvieron sufragios y la distribución de los emitidos. Se ha cuidado de consignar lo sucedido en la elección, en el deseo de que se observe si hay alguna huella de que el Jefe Rivera hubiera pretendido ejercer alguna presión sobre la Asamblea en favor de su continuación en el Ejecutivo, y ya se ve que no hubo más reclamo que el del Diputado Argüello contra el Coronel Cabañas, y que Herrera obtuvo la totalidad de los votos de la Asamblea.

El estado de intranquilidad producido por los sucesos de Tegucigalpa, de fines de diciembre, vino a agravarse con la noticia del Jefe Departamental de San Miguel, de haber habido una rebelión en Nicaragua. El 25 de enero se había levantado Braulio Mendiola en León y había fusilado al Jefe del Estado D. José Zepeda, al Comandante General D. Ramón Valladares y a otros funcionarios. El Gobierno dio cuenta a la Asamblea, y ésta el 4 de febrero, acordó decir al Ejecutivo que vigilara para que el movimiento de Nicaragua no afectase a Honduras y vigilara también respecto a lo de Tegucigalpa.

Y para mantener la tranquilidad en uno y otro caso, lo facultó para que se arreglara a la ley de 20 de febrero de 1833, sin perjuicio de lo que acordara la Asamblea. Excitó también al Ejecutivo para que, a nombre de ella, pusiera en conocimiento del Congreso Federal por medio del Presidente de la República los acontecimientos indicados, ofreciendo que la Asamblea procedería de acuerdo con el Gobierno Nacional; y para excitar al del Estado de El Salvador a prestar auxilios en caso necesario, quedando el Ejecutivo autorizado para negociar con este Gobierno un empréstito de diez mil pesos.

El Ejecutivo, en uso de estas facultades, dictó el 9 un Decreto, mandando que, además de los doscientos hombres que se hallaban sobre las armas, se alistarían cien más en el Departamento de Choluteca para hacer guardar el orden y respetabilidad del territorio de Honduras, y ordenando que se exigiera un empréstito forzoso de siete mil pesos a los capitalistas del Estado. La fuerza de Choluteca se aumentaría o disminuiría según las circunstancias. Pero estos cuidados terminaron al saberse que el mismo día de la sublevación, el Vice-Jefe Núñez se había hecho cargo del Poder Ejecutivo, había reprimido a los revoltosos y hecho prender y fusilar al autor del movimiento.

Respecto a Tegucigalpa, el Coronel D. Francisco Ferrera se había ofrecido para venir de pacificador a esta ciudad y los cabecillas de la revolución habían enviado una representación al Poder Ejecutivo. Dichos cabecillas eran amigos y partidarios de Ferrera, quien además tenía a su devoción al Consejo, pues este Cuerpo había acordado que si el Gobierno juzgaba oportuno remover a los Oficiales y Jefe Político de Tegucigalpa con sujetos de su plena confianza pudiera hacerlo, valiéndose de todo el tino y prudencia que le caracterizaban a efecto de ahorrar el derramamiento de sangre hondureña, lo que equivalía a aconsejar que se accediera a las exigencias de los revolucionarios, en lo que no había consentido D. Joaquín Rivera.

El Gobierno pasó a la Asamblea el ofrecimiento de Ferrera y la representación de los caudillos. Las comisiones de Legislación y Justicia, respectivamente, dieron dictamen acerca de aquél y ésta. La de Justicia fue de parecer que se otorgara un indulto a la parte seducida del pueblo de Tegucigalpa, reservándose la Asamblea determinar el Tribunal que debía juzgar a los cabecillas para cuando se hubieran reunido los datos convenientes. La de Legislación fue de parecer que el Gobierno contestara al Coronel Ferrera dándole las gracias por su ofrecimiento y manifestándole que, habiendo variado las circunstancias, no se consideraba necesaria su aceptación. Ambos dictámenes fueron aprobados en la sesión del 21. En la sesión del día siguiente, al leerse el acta, el Diputado por Gracias dijo, respecto a la asonada de Tegucigalpa, que el conocimiento de la representación correspondía al Consejo, y salvó su voto. El Diputado por Olancho salvó también el suyo; pero no habiendo causado impresión estas protestas, el Diputado por Gracias abandonó su asiento: el Presidente lo hizo volver.

La resolución adoptada por la Asamblea, en tales circunstancias, y dejando pendiente la suerte de los cabecillas, no podía ser eficaz. En 9 de marzo se leyó una nota del Ministerio, en la que manifestaba que, en las inmediaciones de Tegucigalpa, se hallaban reunidos más de cuatrocientos hombres pertenecientes a la facción de este Departamento, y que probablemente atacarían el cuartel de la plaza; pero que, para dar providencias tan activas como se requerían, no se hallaba el Gobierno facultado lo bastante. Ferrera, irritado por la repulsa de su ofrecimiento, ¿había alentado a la facción? No es remoto, si se atiende a las concitaciones que hacían temer a Rivera una nueva guerra. Ferrera deseaba un punto de apoyo para llegar al poder lo más pronto posible: viniendo como pacificador a Tegucigalpa, habría tratado de sacar el mejor partido de su misión, ya con el Gobierno si la pacificación se obtenía, ya con los enemigos de éste, que eran sus propios amigos, en el caso contrario. Pero ello no pudo ser, y así no sería extraño que hubiera tratado de fomentar el descontento.

La Asamblea inmediatamente expidió un Decreto confiriendo al Poder Ejecutivo facultades extraordinarias para que obrara del modo que creyese más conveniente hasta lograr la completa pacificación del Departamento de Tegucigalpa.

Con estas facultades, el Presidente del Consejo dictó un Decreto el 14, en que declaraba que quería usar más bien de los medios de indulgencia que de los de castigo para cortar de raíz unos males que acaso trascenderían al Estado entero, para que tanto sus autores como los demás habitantes se convencieran de que los votos del encargado del Supremo Gobierno, todos eran por la paz y tranquilidad en que estaba cifrada la felicidad de los hondureños; y por ello concedía indulto a todos los que se hubieran mezclado en los acontecimientos ocurridos desde el 24 y 29 de diciembre último hasta la fecha, en la ciudad de Tegucigalpa, contra la autoridad legítima, con tal que depusieran las armas y en el término de quince días las entregaran y volvieran a sus casas y hogares. Sólo se exceptuarían los que solicitaran ser juzgados; pero si se acogían a la gracia, quedarían comprendidos en la condición indicada. Quedarían excluidos los que, después de publicado el Decreto, reincidieran; y contra ellos se procedería con todo el rigor de las leyes.

Este Decreto no dio el resultado que se esperaba, pues continuó el descontento; pero antes de seguir adelante, conviene reseñar la labor de la Asamblea respecto a otros puntos.

Por Decreto de 17 de febrero se reformó la ley de 10 de agosto de 1835 para la organización de la Corte Superior de Justicia.

El 7 de marzo la Comisión de Legislación presentó el proyecto de ley sobre casamientos civiles, y se le dio primera lectura. Quedó pendiente.

En la misma sesión, en consideración al reclamo de la Municipalidad de Trujillo, interesada en que volvieran los caribes que por la guerra del año de 1832 abandonaron su población, siendo su falta muy perjudicial a aquel puerto tanto por carecerse de aquellos brazos para diferentes servicios como porque se estaban volviendo a levantar los montes que ellos botaron cerca de la población, de lo que resultaban la insalubridad y la aproximación de las fieras de la montaña, se acordó concederles dos leguas en cuadro en el lugar que antes ocupaban.

En la sesión del 8, se improbó el proyecto de ley presentado por el Gobierno sobre crear fondos para plantear los establecimientos de educación pública.

Por Decreto de 11, se mandó que la deuda del Estado fuera cubierta en parte con tierras que le pertenecieran, si los acreedores aceptaban esta forma de pago; pero a ninguno se le darían más de veinticinco caballerías a cuenta de su deuda.

En la sesión del 8 se había acordado pedir informe al Gobierno sobre los adelantamientos y gastos causados en los diez jóvenes destinados a la enseñanza lancasteriana de Guatemala, de conformidad con el acuerdo del Ejecutivo de 30 de diciembre de 1836; y en la sesión del 22 se discutió el dictamen de la Comisión de Hacienda sobre desaprobar dicho acuerdo. El dictamen fue aprobado, en lo sustancial, en sus artículos 1° y 3°. El Ejecutivo reclamó; pero la Asamblea, en la sesión del 30, declaró que no tenía ninguna intervención en el asunto. De este modo empezaba a manifestarse hostilidad a la obra de Rivera.

La Asamblea cerró sus sesiones el 1° de abril; y al hacerlo acordó que, por defecto del Consejo Representativo, pudiera también el encargado del Ejecutivo dar posesión al Jefe y Vice-Jefe nuevamente nombrados cuando se presentasen al efecto.

D. Justo José Herrera, quien de Choluteca había contestado a fines de febrero, aceptando su elección, llegó a Comayagua en los últimos días de mayo, y el 26 recibió una nota del Ministerio en que se le comunicaba que el Consejero Presidente había dispuesto que tomara posesión el 28, prestando el juramento de ley ante él, en atención a que estaba disuelto el Consejo. El señor Herrera tomó posesión de la Jefatura de Estado en la fecha indicada, y dirigió un Manifiesto a los hondureños.

Uno de sus primeros cuidados fue el de concluir con las inquietudes de Tegucigalpa. Al efecto dictó el 5 de junio un Decreto que da a conocer la situación en aquellos momentos. Dice en él que los sucesos ocurridos en Tegucigalpa habían terminado felizmente por medidas conciliatorias sin necesidad de hacer uso de la fuerza: que no habían ocurrido desgracias que demandaran una pronta reparación de perjuicio: que todos generalmente deseaban la paz: que ésta no podía permanecer mucho tiempo si no se suspendía todo procedimiento judicial, fuera con motivo de hacer averiguación o vindicación o con cualquiera otro que removiera los acontecimientos pasados y diera lugar a ulteriores desavenencias.

Y fundándose en estas consideraciones y en la autorización concedida al Gobierno por el Decreto del 9 de marzo, extendió la gracia otorgada por el del 14, declarando que se corría un velo a los sucesos políticos ocurridos desde el 24 de diciembre último hasta la fecha, sin que pudiera autoridad alguna bajo ningún pretexto seguir causa sobre dichos acontecimientos ni removerlos con motivo alguno. En consecuencia, a nadie perjudicarían dichos acontecimientos para el completo goce de sus derechos, fuera cual fuera la parte que hubiesen tomado en ellos, y todos quedarían bajo la salvaguardia de las leyes y bajo la protección de las autoridades. Nadie podría echar en cara a otro la parte que hubiera tomado en aquellos sucesos, y las autoridades civiles y militares vigilarían sobre el cumplimiento de esta disposición. Las armas pertenecientes al Estado, que por cualquier motivo estuvieran fuera del almacén, se devolverían en el término de quince días, pudiéndolas entregar a cualquiera de las autoridades civiles o militares, quienes darían recibo si se les pedía y jamás publicarían los nombres de quienes las hubieran entregado, salvo que éstos lo desearan.

El movimiento de Tegucigalpa quedó así terminado. Con tantas concesiones casi quedaron triunfantes los revolucionarios, lo que había de ser de mucha utilidad a Ferrera.

Por este tiempo D. Joaquín Rivera se hallaba en Santa Rosa, población fronteriza del Estado de El Salvador. El 2 de junio le fue notificado allí un auto para venir a contestar demanda que le había promovido ante el Juez de 1ª Instancia de Tegucigalpa el Lic. D. Felipe Jáuregui por mejoras en las haciendas de Sigualteca y Lologuare. Contestó Rivera que no comparecería ni por sí ni por apoderado, porque no era al Juez de Tegucigalpa a quien correspondía el conocimiento del negocio, pues no estaban en su jurisdicción las haciendas ni la persona que las poseía, y que protestaba nulidad.

La demanda de Jáuregui, en estas condiciones, no lo acredita de abogado hábil; y por el curso que siguió el asunto, como adelante se verá, lo exhibe más bien como abogado listo, que trata de obtener provecho de la ausencia del demandado y de otras circunstancias.

Rivera estableció trabajos de mucha consideración en Santa Rosa y en el Mineral del Tabanco, y no volvió a Honduras hasta principios del año siguiente.

Este Estado empezaba a conmoverse con la epidemia del Cólera Morbus. En febrero había aparecido en Omoa con el carácter más destructor, había calmado a mediados del mismo mes y desaparecido completamente en los primeros días de marzo. Desde el 14 de febrero no había fallecido persona alguna con los síntomas de la epidemia ni se habían experimentado estos desde aquella fecha por los que habían adolecido de enfermedades comunes.

Pero en junio invadió el Departamento de Gracias, manifestándose en varios poblados de él y aun en la misma cabecera. Temiendo el Jefe del Estado que se propagara a los demás Departamentos, como había sucedido en el de Guatemala, a pesar de los cordones sanitarios que allá se establecieron, dictó el 10 un Decreto en que mandó que se observara el del Supremo Gobierno de 13 de febrero de 1833 y en el acuerdo de 21 de febrero de 1834, y ordenando procurar arbitrios para proveer de medicinas, de camas, ropas y alimentos a los pobres, especialmente de los bienes de cofradías y obras piadosas donde las hubiera, hacer reimprimir y distribuir recetas y métodos curativos, tomar precauciones en los enterramientos, no debiendo hacerse estos en los templos, suspender oficios divinos, no debiendo haber dobles de campanas. Los actos judiciales quedarían en suspenso y no correrían los términos. Se excitaría al Prelado diocesano para que recomendase a los Padres curas y demás eclesiásticos del Estado que emplearan toda su caridad y celo en suministrar a los pacientes los socorros espirituales que les exigiesen en esta terrible y común calamidad.

Esta calamidad había de ser mayor porque los enemigos del régimen imperante se valieron de ella como arma política. La adopción del Jurado en Guatemala había coincidido con la invasión del Cólera. Un agente enviado por el Gobierno de aquel Estado, con cuarenta dragones, a disolver una reunión de descontentos de los pueblos, celebrada el 9 de junio en Santa Rosa, en el distrito de Mita, fue derrotado en los llanos de Ambelis por los de dicha villa que, de improviso, los acometieron, dando gritos contra el Jurado y los envenenadores. Se había hecho creer a los pueblos ignorantes que no había tal peste sino que se había echado veneno en las aguas para matarlos. Así empezó el levantamiento de Mita que puso en escena a Rafael Carrera. Lo del envenenamiento de las aguas se propagó por todas las regiones invadidas por el Cólera.

El Jefe Herrera dictó nuevas medidas para combatir la epidemia: por un Decreto del 13 de julio, declaró que cesaba toda comunicación y correspondencia con los Estados de El Salvador, Guatemala y Nicaragua mientras aquella durase; por otro del 17 mandó que los Jefes Intendentes de Olancho, Yoro y Santa Bárbara suministraran cien pesos a las Juntas de Sanidad de sus respectivos Departamentos, los que se emplearían en medicinas; para este objeto ya se habían concedido fondos a las Juntas de Sanidad de Gracias, Los Llanos y Choluteca; y por otro Decreto del 17 de agosto, dispuso levantar un empréstito voluntario en Comayagua con el objeto de mantener la tropa que debía formar el cordón sanitario mandado establecer en el Distrito de Goascorán, en donde poco antes había aparecido la peste.

El 22 del mismo recibió noticia de que la gente que formaba el cordón sanitario indicado se había sublevado en Nacaome y había convertido las armas contra las autoridades de aquella ciudad, a las que atacaron a la madrugada del 20, en número de cuarenta a cincuenta hombres, sin saberse el resultado de este movimiento revolucionario, que obedecía a la preocupación que se había esparcido, del envenenamiento de las aguas. Inmediatamente acordó levantar fuerzas, las que obrarían sobre Nacaome en combinación con las que tenía en el cordón el Jefe Intendente de Choluteca. Y excitó al

Consejo Representativo a convocar la Asamblea a sesiones extraordinarias.

El Consejo hizo la convocatoria, y acordó que mientras se reunía la Legislatura, el Gobierno, hallándose en el caso del artículo 175 de la Constitución Federal, en su fracción 4, reuniera la cantidad de mil pesos por medio de un empréstito, exigiéndola de los capitalistas y comerciantes de Comayagua y sus alrededores, garantizándola hipotecando todos los ramos de Hacienda que producía la Intendencia de aquel Departamento y a mayor abundamiento el de aguardiente de los de los demás del Estado. El Gobierno mandó que el empréstito se exigiera a los capitalistas del Departamento que se graduara poseían de mil pesos arriba y se exceptuara por lo pronto el Distrito de Goascorán, por estar atacado del Cólera; y que hecha la distribución, se exhibiera inmediatamente la que tocaba a Comayagua, recibiéndose en cuenta la cantidad que se hubiera suministrado voluntariamente en virtud del empréstito mandado levantar por Decreto del 17, el que quedaba sin efecto.

La incomunicación decretada el 13 de julio para preservar del contagio a los pueblos del interior fue considerada inútil por Decreto del 26 de septiembre, que declaró la capital y el tránsito para los Estados de la Unión en estado de epidemia confirmado.

La municipalidad de Juticalpa tuvo noticia el 7 de octubre de que, por Danlí, se había introducido a San Felipe un hombre que iba de los pueblos infestados y quedaba en aquel valle, bastante enfermo ya del Cólera. Al mismo tiempo recibió un parte de los Alcaldes de Manto, de hallarse en el mayor peligro la tranquilidad pública del Departamento por lo que pedían que fuera el Intendente para enterarle de las causas y de los fines que se perseguían. La Municipalidad mandó poner un cantón para evitar la entrada a otros enfermos, y puso en conocimiento del Jefe Intendente lo sucedido en Manto.

Este Jefe le comunicó el 10 haberse descubierto en dicho pueblo una revolución fraguada entre unos vecinos de Zapata y otros cuantos del mismo Manto: que ya había dado orden a las autoridades de ambos pueblos para la aprehensión de los cabecillas y su conducción a aquella ciudad, previniendo a la Corporación estuviera lista por si hubiese ramificaciones. La Corporación acordó repartir armas entre los vecinos honrados y que el Comandante departamental fuera al día siguiente a Manto, acompañado del Capitán Pantaleón Durón, a tratar de asegurar el armamento que allí había. El movimiento no pasó a más.

El 12, después de treinta y cinco días de epidemia en Comayagua, sólo se contaban allí veinticuatro personas fallecidas. Los Departamentos de Olancho y Yoro y varios pueblos de los cinco que estaban contagiados se hallaban ya libres de la peste. Con tal motivo el Jefe del Estado acordó que el 16 del mismo se instalara la Corte Superior de Justicia y que se restableciera el curso de los juicios.

Como se ha visto, las atenciones principales del Gobierno se habían contraído a combatir el Cólera y a guardar el orden que se había alterado con la atroz impostura de ser efecto de veneno aquella epidemia. Las asonadas de Nacaome y Manto habían sido sofocadas.

En estas circunstancias se recibió una comunicación del Gobernador de San Miguel, quien informaba que en León había habido un pronunciamiento por la Confederación: que del cuartel nació el grito de disolución nacional: que se componían armas y se reforzaba la guarnición: que se hablaba públicamente por los agentes del Gobierno, de independencia: que habían puesto interdicto a las rentas federales y que se aguardaban los comisionados que habían salido a los Departamentos para formalizar su pronunciamiento, sobre lo cual habían circulado varios impresos. Informaba, además, que, en San José, debió estallar una revolución después de la prisión del ex-Jefe Carrillo, pero fue descubierta y sofocada, y Carrillo se fugó de la cárcel; y que habían sido desterrados el ex-Comandante General Vicente Villaseñor, Vicente y Alejandro Escalante y Manuel Antonio Bonilla.

El Jefe Herrera hizo contestar: que el Estado de Nicaragua o su actual Administración no podría nunca ni por el derecho ni por la fuerza disolver violentamente el pacto federal solemnemente establecido y decretado por la Constitución de 22 de noviembre de 1824, a menos que la voluntad general expresada legalmente no hiciera las reformas o modificaciones que estimara convenientes, porque se vería conculcado el gran principio que obliga a respetar la mayoría de una nación; que en ese sentido estaba el Gobierno de Honduras, quien por su parte no contribuiría a disolver el de aquélla y a establecer la anarquía; que celebraba que la revolución que debía estallar en San José, en el Estado de Costa Rica, hubiera sido sofocada oportunamente; que por fortuna tuvo el mismo éxito la que con un carácter atroz se tramaba en el Departamento de Olancho; y que lo de

Nacaome había quedado reducido solamente a la fuga de algunos cabecillas de quienes aún recelaba aquel vecindario.

A mediados de este año se recibió con regocijo la noticia de que España había reconocido la Independencia de todas las Repúblicas del Continente Americano. Esta noticia se hizo circular con la prevención de reprimir, por lo pronto, las demostraciones de júbilo a que era acreedora, por haberse recibido en los dolorosos momentos en que la epidemia del Cólera afligía al Estado.

En diciembre, ya habían mejorado mucho las condiciones sanitarias, y el Jefe del Estado, aunque se había turbado la tranquilidad en Texíguat desde noviembre, pudo dedicar su atención a otros importantes asuntos.

El 28 hizo manifestar a la Junta Consultiva de Hacienda, creada por Decreto de 23 de julio para proponer reformas a la Ley Orgánica del Ramo, que, de preferencia, se dedicara a arreglar el de alcabalas, por estar este ramo en lastimoso estado de decadencia; y que otro de los puntos más interesantes al Erario era el de conocer a cuánto ascendía su deuda, pues sin este conocimiento ni el Cuerpo Legislativo ni el Ejecutivo podían tomar medidas capaces de cubrir su crédito ni hacer una graduación de la parte que debía cubrir cada año hasta su total extinción; sobre lo cual le parecía conveniente al Gobierno que se llevara en la Tesorería General un libro con el título de Inscripción de la deuda pública del Estado de Honduras.

El año de 1838 comenzó con graves acontecimientos.

El 18 de enero la Antigua Guatemala desconoció al Jefe del Estado Dr. D. Mariano Gálvez, poniéndose bajo la protección de las autoridades federales. El 25 se pronunció Chiquimula, y cinco días después Salamá, en el Departamento de Verapaz. Al mismo tiempo era combatido el Gobierno de Gálvez por las hordas salvajes de Rafael Carrera, levantadas en Mita con el pretexto del envenenamiento de las aguas, al que atribuían el Cólera. Gálvez había pedido auxilio a Morazán contra éstos, y Morazán ordenó la salida de seiscientos hombres; pero antes de obrar hostilmente quiso tentar los medios de conciliación, y envió comisionados a oír las quejas de los facciosos. Entre los comisionados figuraba D. José Francisco Barrundia. Este paso resultó inútil.

El 2 de febrero la guarnición de Guatemala, atacada por las fuerzas de Sacatepéquez, auxiliadas por las de Carrera, se sometió, después de defender la plaza por cuatro días, a la autoridad del Vice-

Jefe Dr. D. Pedro Valenzuela, a quien Gálvez se vio obligado a dejar el Poder Ejecutivo. En la jornada pereció asesinado por fuerzas de Carrera el Vice-Presidente de la República, D. José Gregorio Salazar.

El mismo día 2 de febrero se segregaron del Estado de Guatemala los Departamentos de Los Altos, con el objeto de formar un sexto Estado en la Federación de Centroamérica.

Y en marzo continuaba aún la intranquilidad en Honduras a causa de las perturbaciones que habían surgido desde el mes de noviembre.

Esta era la situación cuando regresó D. Joaquín Rivera, quien dispuso permanecer en Choluteca por el tiempo necesario para atender a sus negocios.

CAPÍTULO XII: CUESTIÓN JUDICIAL

SUMARIO: Rivera es despojado de las haciendas de Lologuare y Sigualteca. —Exposición de Rivera al Poder Ejecutivo. —Rivera en Macuelizo. —Sentencia de la Corte: conducta del Lic. Jáuregui respecto de ella. —Diez años después, mándase de nuevo ejecutar dicha sentencia. —Reclamo de Jáuregui contra la ejecución ordenada: su resultado. —Folleto de Jáuregui. — Consideraciones.

1838 a 1848

No habiendo comparecido Rivera a contestar la demanda del Lic. Jáuregui, que se le había notificado en Santa Rosa, el demandante, manifestando que se estaban dilapidando las haciendas, pidió al Juez que se las mandara entregar hasta tanto no pareciera el demandado a alegar de su justicia dentro del término legal. Y el Juez proveyó de conformidad en auto de catorce de febrero.

En el Mineral del Tabanco recibió Rivera carta de Juan de Dios Herrera, administrador de Lologuare y Sigualteca, de 24 del mismo, en que le daba aviso de que este día el Alcalde de Guaimaca, de orden del juez de la 1ª Instancia de Tegucigalpa, había llegado a las citadas haciendas, recogido los fierros y arrojado de la casa al mismo Herrera y al mayordomo Ignacio Oviedo.

Rivera vino a Choluteca en el tiempo indicado, y el 24 de marzo elevó una exposición al Poder Ejecutivo, quejándose de la violencia de que era víctima. Según dicha exposición, habiendo alegado incompetencia del Juez, porque Guaimaca, en donde estaban las haciendas, correspondía a la sección judicial de Cedros, no se pudo llevar adelante el juicio, porque no era posible contradecir tal objeción aunque el Juez Lazo, a trueque de dañarlo, se desentendió al principio de ella y se ingirió en jurisdicción ajena. Entonces buscó otro medio de perjudicarlo.

Mandó embargar e inventariar la hacienda a la sombra de la providencia que la Intendencia de la Federación había librado para que se asegurase en aquélla la deuda del finado Esteban Rivera y se hiciese comparecer a los herederos de éste a usar de su derecho ante la expresada Intendencia. Pudo Rivera, por medios legales y a pesar de los obstáculos que presentaba la desoladora peste del Cólera, arrancar de las manos del citado Juez Lazo el arma de que él y otros enemigos suyos se habían valido para arruinarlo. Sin embargo, le causó daños de consideración de que algún día habría de responderle.

Como el medio de que se había valido no surtió todos los efectos que se habían propuesto, se meditó otro, y se acudió al de la solicitud de Jáuregui, pero como no se considerase que ésta fuera tan arreglada a derecho que en cualquier Tribunal pudiese ventilarse, hubo temor de que en el Juzgado de 1ª Instancia de Cedros no se obrara al placer de Jáuregui y de los enemigos de Rivera que le rodeaban. Por ello se trabajó para que Orica, Guaimaca y alguna otra población se segregaran de aquel Mineral y se uniesen a Tegucigalpa, según los informes más verídicos que tenía, para obrar de este modo con la amplitud que esta vez lo hacían sus enemigos.

Al efectuar tal segregación se desentendían de que si a Guaimaca no le convenía pertenecer a la Judicatura de 1ª Instancia de Cedros, siendo ésta creada en virtud de una ley, se necesitaba una ley que derogara la anterior para cambiar la jurisdicción, no bastando para ello la simple separación de uno y otro pueblo, lo que sería el mayor de los desórdenes; pero como no se había tenido por objeto la felicidad de Orica ni la de Guaimaca sino la destrucción de los intereses de Rivera, se había obrado de aquel modo, pues ninguna autoridad suprema, según sus noticias, había anexado dichos pueblos a Tegucigalpa ni había podido hacerlo otra que la Legislatura del Estado, que aún no se había reunido. Por tal razón graduaba en esta parte de ilegales los procedimientos del Juez de 1ª Instancia de Tegucigalpa, y de nulos y de ningún valor hasta que el Poder Legislativo hubiera declarado insubsistente el Juzgado de la 1ª Instancia de Cedros.

A la segregación de dichos pueblos habían contribuido Francisco Juárez y su hermano Juan, enemigos suyos, el primero porque le cobró una cantidad de pesos que le adeudaba, y el segundo porque le había sido sensible dejar de ser administrador de la hacienda de que tanto disfrutó. Esta cadena de intrigas y manejos, a la vista de todos, era la que había puesto la hacienda de Lologuare y Sigualteca en manos del Juez de 1ª Instancia, quien era también enemigo capital de Rivera por el solo hecho de que ordenó, cuando fue Jefe del Estado, rindiese las cuentas de la Administración de Tabacos que tuvo a su cargo en Santa Bárbara, y fue el que más se distinguió en buscar acusaciones contra él para arrancarlo de la silla del Ejecutivo el año de 1836.

La Constitución de la República, en su artículo 171, prevenía que no se entablara juicio civil o sobre injurias sin hacer constar que había precedido al juicio conciliatorio, y la del Estado ordenaba lo mismo en el artículo 69. Suponiendo legal la acción del ciudadano Jáuregui y que precisamente se hubiera de ventilar ante el Juez de 1ª Instancia de Tegucigalpa, se había obrado contra esas terminantes leyes. Ignoraba Rivera en qué Juzgado había intentado Jáuregui el juicio citado y quién había concurrido a él, en su nombre y con su poder, pues no había dado otro paso que el de presentarse al Juez de 1ª Instancia de Tegucigalpa el año pasado para que lo citase a contestar demanda. En el presente año ya se procedía al embargo de la hacienda en su totalidad, por un Juez cuya legalidad ignoraba y sin citación suya, por una acción nominal y por una cantidad incierta; se arrojaba al administrador y mayordomo de la hacienda y se ponía ésta no sabía en manos de quién. Se embargaba una alhaja que estaba respondiendo a una deuda del Erario Nacional, preferente a toda otra, a excepción de la de dote cuando era antigua, y así no sólo se destruían sus intereses sino también los del Fisco.

Desde diciembre último había nombrado Rivera un apoderado especial para que contradijese la acción que intentaba Jáuregui y esperaba se le citase como era de derecho para ocurrir; pero cuando falta la justicia, cuando las pasiones guían las operaciones de los que están nombrados para administrarla, y cuando se pretende arruinar a un individuo, se buscan medios sean cuales fueren. De aquí que Jáuregui hubiera guardado un profundo silencio por más de seis meses mientras lograba ver realizada la disolución del Juzgado de 1ª Instancia de Cedros, en donde, como había dicho antes, temía no conseguirlo todo a su placer.

Concluía Rivera su exposición, después de pedir que se le dispensara, si con algunas de sus expresiones había salvado los límites de la moderación, manifestando que, por no estar reunido en el Estado el Tribunal Superior de Justicia que era a quien debía ocurrir quejándose contra el Juez de 1ª Instancia de Tegucigalpa, o porque en el caso de estarlo, hubiera en él enemigos suyos que tuviera que recusar y mientras se reunían otros imparciales, los perjuicios en la hacienda se multiplicarían, había ocurrido al Ejecutivo Nacional para que, en vista de estos procedimientos, o reclamara contra ellos o mandara subastar la hacienda en tiempo oportuno hasta satisfacerse de lo que le debía y darle a él por libre de la responsabilidad que había contraído, pues no era justo que cuando trabajaba para cubrir aquel crédito y hacía sacrificios con el mismo fin, se le privara de una alhaja que poseía con justo título.

Expresaba que representar sus derechos ante el Juzgado de 1ª Instancia de Tegucigalpa sería en vano porque era su enemigo y sus procedimientos decían terminantemente que lo que quería era arruinarlo, fuera de que su legalidad le era dudosa porque no sabía si había rendido cuentas, pues de tenerlas pendientes no podía ejercer su destino.

Por lo expuesto pedía al Ejecutivo que, si estaba con sus facultades, le librase de la injusta persecución de sus enemigos y dictase las providencias que creyera de justicia haciendo que se respetaran las leyes cuya ejecución y cumplimiento le encomendaba la Constitución; y en caso de que no estuviera en sus facultades ampararlo en el presente negocio, decretara lo que tuviera por más justo y conveniente.

El Gobierno pasó la exposición de Rivera al Consejo, y éste en junio mandó que se pasara a la Corte, que estaba ya reunida entonces. Entretanto el Juez de 1ª Instancia de Tegucigalpa había continuado en la tramitación del juicio, y el 21 de abril había librado al Juez 1º Constitucional de Choluteca un exhorto, en que mandaba citar a los ciudadanos Luis y Joaquín Rivera para que, en el término de quince días, comparecieran, con apercibimiento de que, pasado el término, les pararía el perjuicio que hubiera lugar, condenándose a perpetuo silencio.

El 28 el Juez de Choluteca, no habiendo encontrado en su casa morada a Rivera, le notificó el exhorto a su esposa Da. Teresa Márquez, quien contestó que se hallaba por el Macuelizo. En este Mineral fue notificado Rivera por fin el 23 de mayo, y contestó que había remitido poder bastante a Comayagua para que se representara ante la Corte y ante el Consejo Representativo por los atentados del Juez de 1ª Instancia de Tegucigalpa, pues no sólo había atropellado las garantías sino que se había introducido en jurisdicción ajena.

El apoderado de Rivera, que lo era D. Francisco Villafranca, pidió a la Cámara de 2ª Instancia de Comayagua ordenara el arrastre de los autos en el embargo practicado por el juez de 1ª Instancia de Tegucigalpa en las haciendas de Lologuare y Sigualteca; la Cámara proveyó de conformidad, por estar las haciendas en la jurisdicción de Cedros; pero no fue hasta el 14 de enero de 1839 cuando dictó su sentencia, en la que mandó poner a Rivera en posesión de las haciendas. Es útil conocer la sentencia íntegra, para que pueda apreciarse mejor la labor jurídica del Abogado Jáuregui. Dice así:

"Sala de 2ª Instancia de la Corte Superior de Justicia del Estado de Honduras. Comayagua, enero catorce de mil ochocientos treinta y nueve".

Vistos, dijeron: que apareciendo de los autos a que esta parte se refiere y que, a efecto de verlos, fueron arrastrados del Juzgado de 1ª Instancia de Tegucigalpa, que el ciudadano Felipe Jáuregui ante aquél representó, a nombre de unos menores, que teniendo derecho de propiedad y de mejoras en las haciendas Sigualteca y Lologuare, de que era poseedor el ciudadano Joaquín Rivera, para deducir su derecho pedía al Juez exhortase al del lugar de la residencia de Rivera para que le contestase; que concedido así, fue exhortado por el Juez de 1ª Instancia, a quien en el acto de la notificación contesta no ser el Juez de Tegucigalpa competente en este asunto, así por no existir él en el territorio de su jurisdicción como porque tampoco las haciendas dichas lo estaban; que notifica a Jáuregui la contestación de Rivera, insiste de nuevo pidiendo nuevo exhorto en virtud de creer él ser insubsistente la acción de Rivera, por manifestar que las cosas que en derecho surten fuerza son: el lugar donde se contrajo la obligación o se celebró el contrato, en cuyo caso se halla Rivera; que el Juez de 1ª Instancia, de conformidad con la petición de Jáuregui, exhortó por segunda vez a Rivera, conminándolo con seguir la causa en rebeldía si no se ponía a derecho; que Rivera insiste en su excepción, y Jáuregui en virtud de ella y de manifestar que el medio que la ley concede en favor del acreedor y contra el deudor consistía en el asentamiento, en cuyo caso expreso se hallaba aquel Juez, y por lo mismo y por estarse deteriorando las referidas haciendas por Rivera concluye pidiendo se le entregasen por la vía de asentamiento; que el Juez de 1ª Instancia de Tegucigalpa concede la solicitud de Jáuregui y manda entregárselas; y que por último, puesto el asunto en estado de sentencia, el Tribunal de Conjueces, en la que pronunció el quince de junio de ochocientos treinta y ocho, constante a folios 57 vuelto, expone que no habiéndose practicado el juicio conciliatorio prevenido por la ley ni definídose previamente el artículo de incompetencia del Juez promovido por Rivera, creyó el Tribunal ser necesarios estos incidentes; y considerando: que el ciudadano Joaquín Rivera se excepcionó legalmente y en tiempo hábil; que aunque el ciudadano Felipe Jáuregui intenta desvanecer la excepción suponiendo en su escrito de folios 24 que la obligación contraída por Rivera ha sido en Tegucigalpa y que por esto es competente aquel Juez para conocer del asunto, pero nada de esto prueba; que la excepción puesta por Rivera exigía previo y especial pronunciamiento al asunto principal, según lo dispone la ley 9, Tít. 3° P. 3ª y la 1ª N.º 5 y 42 de la R.; que asimismo no consta de autos haberse celebrado ni aún intentado el juicio conciliatorio prevenido por la Constitución del Estado en el artículo 69 y el 166 de la Ley Orgánica de Justicia, cuya omisión indujo nulidad en la sentencia interlocutoria pronunciada por aquel Juez en catorce de febrero de ochocientos treinta y ocho, constante a folios 27 vuelto y aún a todos los autos pues que, sin jurisdicción, la pronunció, y por este hecho queda nula según lo trae la Curia Filípica, tomo 2°, página 97, n.º 13; que la omisión del juicio conciliatorio, habiendo inducido nulidad, hizo violento el despojo que el Juez de 1ª Instancia decretó y ejecutó contra Rivera, de sus haciendas Lologuare y Sigualteca; que por lo mismo, aunque los juicios de nulidad se han de tratar en contradictorio juicio con la parte contraria, según la misma Curia, tomo 2°, folio 28 n.º 1 al medio, sin embargo la omisión del juicio conciliatorio hace de hecho nulo todo lo practicado por el Juez de 1ª Instancia de Tegucigalpa e innecesaria la citación según la misma Curia en el mismo tomo, folio 69 n.º 22; y que por último el despojo violento ejecutado contra Rivera por autoridad incompetente siendo poseedor de las referidas haciendas, es bastante motivo para que sin citación se le restituya el despojo inmediatamente, según doctrina de la citada Curia en el mismo tomo, folio 175 n.º 4. Por todo lo cual y por lo más que de autos resulta, la Cámara de 2ª Instancia a nombre del Estado de Honduras y de conformidad con las leyes y doctrinas citadas, declara nulo e insubsistente el expediente creado por el Juez de 1ª Instancia de Tegucigalpa a solicitud del Lic. ciudadano Felipe Jáuregui, por el cual, por la vía de asentamiento, se le entregaron las haciendas Lologuare y Sigualteca; y en su consecuencia mándase poner en posesión de las haciendas dichas al C. Joaquín Rivera, librando los despachos que para el caso sean necesarios. Y por esta nuestra sentencia, definitivamente juzgando, así lo pronunciamos, mandamos y firmamos por ante el Secretario de Cámara, dejando a las partes su derecho a salvo para que hagan los reclamos que tengan por convenientes, y hágase saber. — Leonardo Romero. — José Manuel Morejón. — Jerónimo Romero, Pro-Secretario".

Esta sentencia demuestra que Jáuregui en este asunto se exhibía no como un Abogado hábil sino como un Abogado vulgar y sin escrúpulos. En cambio, Jáuregui demostró hasta dónde alcanzaba su poder, y cómo en él y no en la fuerza de razones jurídicas, confiaba para mantenerse en posesión de las haciendas, pues la sentencia no se llevó a efecto en vida de Rivera. Hubo que esperar la caída de Ferrera, apoyo de Jáuregui, para su cumplimiento. D. Fruto Fajardo, apoderado de D. Luis Rivera y de Da. Teresa Márquez, pidió a la Corte de Comayagua la ejecución. La Corte, por auto de 9 de septiembre de 1847, mandó citar a Jáuregui por medio del Juez de 1ª Instancia de Tegucigalpa. Jáuregui fue notificado el 12 del mismo y dijo que hacía años que había contraído en Comayagua un cólico bilioso de que había estado a la muerte varias veces y que después de habérsele retirado por más de un año le había repetido en el último viaje que hizo a la misma ciudad, de suerte que apenas haría cinco días que se había levantado de la cama en donde lo había tenido algunos días dicha enfermedad; que padecía del cólico diariamente y que no podía regresar tan pronto a aquella temperatura, porque comprometería su existencia. La Corte, en 21 de diciembre, mandó que se diera cumplimiento a la sentencia del 14 de enero de 1839. Procedió a la ejecución el Juez de 1ª Instancia del Departamento de Tegucigalpa.

Según certificación de 22 de marzo de 1848, D. José Antonio Vijil, apoderado de Da. Teresa Márquez, demandó a D. José Ferrari para el pago del repastaje del ganado que tenía en las tierras o sitio de Lologuare, y en el acto de la demanda se hizo comparecer a Jáuregui. Este expuso que efectivamente había ido con un poco de gente a posesionarse de las haciendas de Lologuare y Sigualteca porque había sido despojado por una sentencia injusta. ¡He aquí al famoso Abogado haciéndose justicia por su propia mano contra la sentencia de un Tribunal! Y conste que esta sentencia se había dictado cuando Ferrera y Jáuregui, que habían separado ya a Honduras de la Federación, dominaban en el Estado, lo que hace más digna de consideración la conducta imparcial y justiciera de la Corte que la pronunciara.

Jáuregui reclamó ante la Corte Suprema de Justicia de la Sección de Tegucigalpa[17] contra la ejecución ordenada por la 2ª Sala de la de Comayagua. De su solicitud se dio traslado a la parte contraria. Esta contestó en los términos siguientes:

"Corte Suprema de Justicia de esta Sección:

"José Antonio Vijil, representante de los albaceas de la testamentaria del finado Joaquín Rivera, ante V.S., con todo respeto, contestando el traslado que os servisteis mandarme dar, a virtud de la muy original solicitud del Lic. Jáuregui, expongo: que ella es tanto más original e injusta cuanto que la interpone después de haberse apropiado las haciendas de Lologuare y Sigualteca, atropellando la sentencia que el año de 39 pronunció la 2ª Sala, la posesión que había dado un juez competente al apoderado de la parte por quien represento y el respeto que se debe a la propiedad, y a todas las justas y sabias leyes que la garantizan. Todo esto que debe ser por toda la sociedad acatado, fue para Jáuregui de ningún respeto y, válido de la revolución que agitaba entonces al Estado y de la cruel persecución que sufrían la parte por quien represento y sus amigos, él en lugar de ocurrir ante la autoridad, como lo hace ahora, sin duda para que lo absolváis de aquel temerario proceder, se hizo, por sí propio, dueño de aquéllas propiedades que en muy poco tiempo destruyó.

"Había antes pretendido unos presuntos derechos a mejoras de las haciendas referidas, ante el honrado Juez de 1ª Instancia de esta Sección señor Luis Brito, quien cumpliendo con la ley declaró sin lugar aquella solicitud como lo justifica su misma deposición. En seguida hizo igual solicitud al Juez que le sucedió, y éste sin atender a lo decretado por su antecesor, que no podía de ninguna manera contrariar ni a las excepciones que en la citación que se le hiciera expuso el finado Joaquín Rivera, mandó entregar a Jáuregui aquellas propiedades, y a consecuencia de este despojo el apoderado de Rivera se presentó a la 2ª Sala de la Corte Superior de Justicia, quien pronunció la sentencia de que ya hago referencia, declarando nulo todo lo actuado por aquel Juez, y mandando poner en pacífica posesión, a su legítimo dueño, de sus propiedades, ordenando al mismo tiempo se verificase sin citación y sin ningún otro trámite, por

---

[17] La Constitución de 4 de febrero de 1848 creó una Corte Suprema dividida en dos secciones: la de Comayagua y la de Tegucigalpa: cada sección sería Tribunal de 2ª Instancia en su demarcación territorial y de 3ª en los juicios que hubiera conocido la otra apelación.

ser un despojo violento el ejecutado contra Rivera. El Juez de 1ª Instancia de la Sección de Cantarranas, a quien competía conocer de aquel negocio por estar en su jurisdicción las haciendas de que se trata, cumpliendo con aquel superior mandato, puso en posesión de ellas al apoderado de Rivera, señor Francisco Gómez, cuyo expediente creado entonces por aquel Juez, existe en el Juzgado de 1ª Instancia de este Departamento. En aquellos momentos el Lic. Jáuregui, en vez de ocurrir como ahora ante la autoridad a reclamar sus derechos, se declaró por sí solo Juez Superior y se hizo dueño de las haciendas, que destruyó en pocos días; y al mismo tiempo declaró federalista al apoderado de Rivera, lo cargó de cadenas y lo condujo a los calabozos de esta ciudad. Este vandálico proceder es notorio, y además lo comprueba la certificación que acompaño e igualmente la declaración del Juez en aquella época, señor Domingo Armijo. No hubo entonces ni en diez años que han transcurrido quien pudiera exigir a Jáuregui el robo que tan escandalosamente había hecho de las haciendas, y mucho menos quien quisiese pedir a las autoridades el castigo de semejante crimen, porque con la influencia de que él disfrutaba, habría cometido mil más, perseguido a su acusador, burlándose de la ley, de las autoridades y de la vindicta pública que aún exige su satisfacción, pues se ve por el recurso que ante V.S. interpone el efecto de la impunidad de sus crímenes, y que sin guardar el respeto que os merecéis se presenta ante Vos sin duda para que lo absolváis de aquéllos".

"Todo lo expuesto consta en el expediente que existe en los archivos de esa Suprema Corte; en el de que se me ha dado vista; en dos más que hay en el Juzgado de 1ª Instancia de este Departamento; en otros muchos documentos que tengo en mi poder, y en la opinión pública de toda la República, que ha fallado ya en este negocio; y por lo mismo y en obsequio de la justicia, a Vuestra rectitud pido declaréis sin lugar la intempestiva solicitud de Jáuregui, hagáis cumplir vuestros anteriores mandatos, haciéndolo devolver todo lo hurtado de las haciendas de Lologuare y Sigualteca; y que las autoridades encomendadas de castigar los delitos, impongan al autor del que denuncio el que las leyes establezcan, que de hacerlo así quedará satisfecha la vindicta pública y la justicia que pide, implora y jura, etc. — J. Antonio Vijil. — Ldo. Pérez."

La resolución de la Corte Suprema fue desfavorable a Jáuregui, con lo que ya pudo Da. Teresa Márquez disponer de las haciendas, habiendo vendido más de siete caballerías de la de Lologuare a D. José Ferrari por escritura pública que autorizó el Juez de 1ª Instancia de lo Civil de Tegucigalpa, D. Francisco Botelo, el 8 de abril del citado año de 1848.[18]

No obstante estos antecedentes, cuando Ferrera retiró su protección a Jáuregui y se volvieron enemigos acérrimos y el primero atacó al segundo, por la prensa, diciéndole entre otras cosas que había despojado a Rivera de la hacienda de Lologuare en que perdió el Erario seis mil pesos que ésta reconocía, Jáuregui publicó un folleto intitulado Al Pueblo Hondureño, fechado en Tegucigalpa el 29 de junio del mismo año, en el que se encuentra este párrafo:

"Con respecto a la hacienda de Lologuare, también hay autos que acreditan que la reclamé por quince mil pesos, que en razón de mejoras debía a mi esposa y su hermano, y que, previos los trámites de ley, este Juzgado de 1ª Instancia me la entregó cuando no valía sino una cantidad mucho más pequeña que la reclamada. Es, pues, evidente que yo no la quité. Si dicha hacienda reconoce un capital de la pública, ¿por qué Ferrera, que tenía la autoridad, la fuerza y el deber de asegurar los intereses del Fisco, no hizo se pagara dicho principal? Él es, por esta razón, quien faltó y quien debe responder al Erario de esta cantidad".

Y en otra página dice:

"Pero ¡qué extraño es ver a Ferrera defendiendo sus víctimas! Él es el verdadero asesino de Rivera, pues por él la Cámara Legislativa no conmutó en otra la sentencia de muerte contra el último. Él es quien más persiguió a éste; quien se deleitó con su trágico fin, y quien lo insultó aún después de muerto; y él es ahora quien parece defender los intereses de su víctima y quien, unido a la ingrata familia de ésta, se convierte contra el único defensor que ella tuvo en su terrible desgracia."

Jáuregui llama ingrata a la familia de Rivera porque se empeñó en que se diera cumplimiento a la sentencia que mandaba devolver las haciendas, lo que al fin obtuvo. Es original que llame ingratos a los que no lo dejaron quedarse con los bienes de que había despojado a Rivera. ¿Es que puede llamarse ingratitud el hacer uso de un derecho y lograr su efectividad? Con tal concepto, Jáuregui

---

[18] Archivo Nacional: Título de Guilmaca o Lologuara. Sección de Tegucigalpa y El Paraíso. No. 146

demuestra que no tenía derecho ninguno, como también lo había demostrado en otro sentido. La sentencia mandada ejecutar dejaba a las partes su derecho a salvo para que hicieran los reclamos que tuvieran por convenientes. Jáuregui pudo acogerse a esta declaración y hacer valer su derecho, si lo tenía, y no lo hizo. Lo que hizo fue impedir que la sentencia se ejecutara, apoderándose de hecho de las haciendas, como él mismo lo reconoció ante el Juez.

Ferrera contestó a Jáuregui confirmando el cargo en el informe que el 18 de agosto dio al Cuerpo Legislativo respecto a la acusación que contra aquél había presentado; y al confirmarlo, se refiere a lo resuelto por la Corte.

CONTENIDO